고대중국의 전쟁수행방식과 군사사상

고대중국의
전쟁수행방식과 군사사상

기세찬 지음

군사사상에 관한 연구는 단순히 특정 개개인의 분야에 국한되는 문제는 아니다. 군사사상은 기본적으로 특정시대의 군사문제와 관련된 견해, 관념, 개념에 관한 것으로 전쟁에 관한 인식, 군대의 조직과 동원, 제도, 기능과 운용 방식의 일단이 잘 집약적으로 나타나 있다. 군사사상에 관한 구체적인 이해를 통해 군사 부문 이외에 당시의 사회 전반에 대한 이해의 폭을 깊게 할 수 있고, 전쟁 자체를 보다 객관적으로 이해하게 하여 그동안 이루어진 주관적 전쟁 이해의 한계를 비판, 극복할 수 있다. 지금까지 여러 가지 관점에서 중국 고대 사상에 관한 연구가 진행되었다. 제자백가를 연구대상으로 삼은 연구는 상당한 수에 달한다. 그러나 고대 사상사를 전략문화[01]라는 관점에서 전쟁이나 평화를 주된 관점으로 삼아 연구한 사례는 많지 않다. 다만, 고대중국의 군사사상에 관한 연구는 병서를 중심으로 번역작업이 이루어져 중국군사사상 연구의 주요한 토대를 마련한 점은 특기할 만하다.

---

01 전략문화란 국가 또는 다른 형태의 정치 공동체에 속한 구성원들이 대외정책의 방향과 방법을 선택함에 있어서 상호 공유하거나 합의한 전략적 사고와 행위의 체계이다. 1970년대 이후 잭 스나이더(Jack Snyder)에 의해 제기된 소련의 핵교리를 설명하는 전략문화에 관한 논의가 서구 학계에서 활발하게 이루어졌고, 이 전략문화는 국가의 정책적 수준이 아닌 반영구적인 문화적 수준으로 끌어올려 현대 안보연구의 한 분야로까지 인식되고 있다.

중국이 미국의 주요 위협으로 상정된 1990년대 후반 이후 서구학계에서 중국의 전략문화에 대한 관심이 높아졌지만, 고대중국의 전략문화에 대해서는 아직까지 그 실체가 분명히 드러나지 않고 있다. 그 직접적인 원인으로 생각되는 것은 중국이 옛날부터 '문(文)'명국이며, '문(文)'치 국가였다는 중국관이다. 이는 아직 고대중국의 군사사상의 이해가 대단히 주관적인 영역에 머물러 있음을 단적으로 보여주는 예라고 할 수 있다. 즉 고대중국에 대한 군사사상의 이해는 유가적인 의전(義戰)사상과 손자의 부전승(不戰勝)사상이 지배적이라는 시각이 일반적이었다. 부언하면, 중국은 유교적 영향으로 평화와 조화를 중시하면서 전쟁과 폭력을 혐오하는 전통을 갖고 있고, 이에 따라 되도록이면 전쟁을 회피하며, 만약 전쟁이 불가피한 상황이라면 중국은 이를 최대한 억제하면서 최후의 수단으로만 군사력을 동원하고, 이때에도 전쟁의 범위와 기간을 가급적 제한한다는 것이다.

확실히 중국은 서양처럼 자신들의 선조를 난폭한 전쟁의 신에서 찾거나 민족의 특성을 '무용(武勇)', '호전(好戰)'이라는 부분에서 찾지 않았다. 예를 들면, 중국에서 최초의 국가형성과 출현을 암시하는 주인공인 삼황오제(三皇五帝) 중에서 복희와 여와는 인류에게 문자와 불, 그리고 혼인제도를 가르쳐 주었고, 신농은 농업과 관련된 태양신이며, 황제는 여러 문물을 창안한 창시자이며, 요와 순은 통치자의 덕목으로 덕(德)을 중시했다. 그러나 6국을 병합한 진제국은 물론이고, 유교를 국교로 삼은 한제국과 문치주의를 표방한 송왕조도 군사(軍事)와 결코 무관하지 않았다. 오히려 그러한 '문(文)'적인 인상과는 반대로 군비증강, 내란 진압, 이민족과의 항쟁이라는 '무(武)'의 현실을 내포하고 있다. 중국의 역사 연구에서 '무력을 보유, 행사해 온 역사를 경시하고, 사상사 연구를 학술과 문화 등 '문'적인 관점에서만 연구를 진행해 나가는 것은 역사의 실상을 놓치는 위험을 안고 있다.

중국에서 군사사상의 연구는 정치사상 연구의 아류로서 시작되었다. 20세기 중국사상사연구에 큰 영향을 준 업적으로는 호적(胡適)의 『중국철학사대강(中國哲學史大綱)』(1919년)이 있다. 이 연구는 새로운 입장에서 쓴 철학사로 획기적인 의미를 가지며 철학사의 방법과 중국철학 전반을 모두 서술하고 있어 내용의 신선함과 더불어 내외적으로 큰 영향을 주었다. 그러나 그 구성이 노자, 맹자, 묵자 등의 제자 분류에 의한 것으로부터도 확실하게 알 수 있듯이 그 주목적은 저명한 제자의 사상적 특성을 해명하는 데 있었다. 거기에는 '군사', '전쟁'과 같은 시점은 설정되어 있지 않다. 손자와 오자와 같은 인물들도 어디까지나 전국시대 제자의 한사람으로 제시된 것에 지나지 않았다.

이후 1960년대부터 중국에서 군사사상에 대한 본격적인 연구가 시작되었고, 선진병가(先秦兵家) 사상에 대한 재평가를 가져오게 된다. 그러나 병서에 나타난 전쟁수행방식이나 전쟁관을 분석한 것은 아니었고, 주로 유물사관의 입장에서 병서들이 다루어졌다. 예를 들면, 임계유(任繼愈)의 『중국철학사(中國哲學史)』(1963)는 손자와 손빈의 병법을 유물주의에 입각한 변증법사상의 관점에서 평가했다. 이것은 손무와 손빈의 사상을 단지 유물사관에 기초하여 개별적으로 평가한 결과이지, 군사사상·전쟁·평화라는 관점에서 그 사상사적 의의를 해명하려했던 것은 아니었다. 게다가 다른 병가에 대해서는 언급하지 않았으며, 손무와 손빈에 대해서도 그 사상을 체계적으로 이해하려는 것보다 그 안에서 유물론적·변증법적 사고를 추출하려는 의식이 강했다.[02] 이러한 노력들이 중국의 사상사에서 병가의 연구를 조금씩 확대해온 점은 부인할 수 없겠지만, 유물사관적 접근법이 중국 고유의 군사사상적 특징과 의의를 객관적으로 담아낼 수 있을지는 의문이다.

최근 서구에서는 중국의 군사사상을 전략문화라는 관점에서 이해하려는 시도를 하고 있다. 물론 이것은 고대중국에 국한된 것이 아니며 일반적인 중국의 전략문화를 파악하려는 시도이다. 대표적으로 페어뱅크(John k. Fairbank)는 중국 전략문화의 전통을 기본적으로 공자 - 맹자 패러다임(Confucius-Mencian paradigm)이라고 주장했다. 그는 중국적 전통에서 중국은 서구의 알렉산더 대왕이나 카이사르, 혹은 나폴레옹 같은 영웅주의와 폭력을 선망하지 않고, 무에 대한 문의 우위를 강조하는 경향이 있으며, 전쟁에 있어서 도덕적 가치를 매우 중요시한다고 주장하였다.[03] 페어뱅크의 연구는 중국의 전략문화를 이론적으로 제시하였다는 점에서 매우 의미 있는 연구라 할 수 있다. 하지만 그가 주장한 공자 - 맹자 패러다임이 중국의 역대 왕조의 역사 속에서 일률적으로 적용할 수 있는지는 의문으로 남는다. 한무제, 당태종, 청건륭제, 그리고 마오쩌둥 등은 모두 공격적인 대외정책을 추구했던 지도자들이다.

다음으로 존스턴(Alastair Iain Johnston)이다. 그는 중국의 전략문화는 전쟁 추구 혹은 강경한 현실주의적 세계관을 갖고 있다고 주장하였다. 그는 명나라의 대몽골 및 대청 정책에 관한 사례연구를 통해 중국 또한 서구와

---

02   湯淺邦弘, 『中國古代軍事思想史硏究』(東京: 硏文出版, 1999), 9~10쪽.

03   Frank A. Kierman, Jr. and John K. Fairbank, eds., *Chinese Ways in Warfare* (Cambridge: Harvard University Press, 1974), p. 7.

마찬가지로 상대적 군사력을 중시하여 적에 대해 우위에 있을 때 공세적 전략을 선호하지만, 그러한 능력이 감소할 경우에는 덜 강압적으로 변화하는 모습을 보여주고 있다고 주장하였다.[04] 존스턴의 주장은 공자－맹자 사상에 치중되어있는 중국의 전략문화에 대한 연구에 현실주의적인 사고와 행동 경향을 고려하였다는 점에서 높이 평가할 만하다. 하지만 중국의 공세적 또는 방어적 대외정책이 군사력의 능력에 따라 결정된다고 하면, 그것은 곧 "중국만의 독특한 전략문화라는 것이 존재하지 않는다"라고 주장하는 것과 다름없게 된다. 전략에 대한 하나의 가이드라인으로서 너무 광범위한 질료(質料)를 담고 있는 전략문화의 개념에 대한 경고의 메시지를 보낸 존스턴의 주장은 부분적으로 옳다. 하지만 "전략문화가 모든 것을 설명하려는 경향 때문에 아무것도 설명할 수 없다"[05]는 그의 주장은 전략문화의 본성에 대한 잘못된 이해이다. 콜린 그레이가(Colin S. Gray)가 주장하듯이 전략의 성질과 기능은 영구적이고 보편적이며, 지역 안보의 독특한 경험은 전략적 행동에 강한 영향을 미치기 때문이다.[06]

중국의 전략문화에 관한 선행 연구들은 우리에게 중국의 전략문화에 대한 다양한 접근가능성을 제시해 주고 있다. 이와 같이 다양한 시각이 존재하는 것은 아직까지도 중국의 전략문화에 대한 공감대가 부족하기 때문일 것이다. 한 가지 지적하지 않을 수 없는 것은 공자－맹자 패러다임을 주장한 페어뱅크나 중국의 전략문화에 대한 연구에 현실주의적

---

04   Alastair Iain Johnston, *Cultural Realism* (New Jersey: Princeton University Press, 1991), pp. 242~243.

05   같은 책, pp. 12~13.

06   콜린 S. 그레이, 기세찬·이정하옮김, 『현대전략』(서울: 국방대학교, 2015), 249·250쪽.

인 사고와 행동 경향을 고려하였다는 존스턴까지도 고대중국의 전략문화를 논할 때는 공자-맹자 패러다임이라는 방어적 전략사고방식으로 인식하고 있다는 점이다. 물론 『논어』나 『맹자』 등 유가의 원전들이 중국의 전략문화 전통에 깊은 영향을 미쳤다는 것은 부인할 수 없다. 하지만 이 공자-맹자 패러다임이 고대중국에서 그 이념과 실천적 행동 면에서 지배적이었는지는 재고해 볼 여지가 있다. 왜냐하면, 춘추전국시대에 중국에는 왕도정치를 추구한 '유가' 이외에도 현실적인 부국강병사상을 주장한 매우 다양한 사상 학파들을 찾아볼 수 있으며, 더욱이 중국을 통일한 진제국의 경우는 방어적이라기보다는 매우 공격적인 행동패턴을 보이기 때문이다. 그러므로 전략문화라는 것은 생각이나 관습뿐만 아니라 전략문화의 스타일, 즉 실질적 행동분야까지 나누어 관찰하는 것이 가장 이상적인 방법일 것이다.

한편, 국내 학계에서 중국의 군사사상에 관한 연구는 중국이나 서구의 연구 상황에 비추어 보면 빈약하기 그지없다. 물론 국내에서도 『손자』나 『오자』 등 무경칠서를 중심으로 번역본이 꾸준히 나왔다. 하지만 이러한 연구는 병법을 위한 학문으로 존중되었을 뿐이지, 문헌이나 실증주의적 학술 연구에 기여한것은 아니었다. 한국에서는 중국의 군제사 연구와 각각의 병서에 대한 개별적인 연구는 다소 있지만, 전쟁을 직접적으로 다룬 사상사 연구는 거의 존재하지 않는다. 이러한 점도 앞서 말한 '문(文)'적인 관점의 중국관과 더불어 중국 고대의 군사사상을 주제로 한 연구가 진전되지 못한 요인 중의 하나라고 생각된다. 아울러 20세기 후반 이른바 평화적 학술연구가 진전되는 가운데 국내 역사 연구에서 전쟁을 '부정의'로 인식하는 독특한 분위기도 연구와 교육의 세계에 영향을 미치지 않았다고 할 수는 없다. 이것은 현재 중국이나 서구에서 군사사상에 관한 연구가 그 나름대로 발전되어 온 상황과 비교하면 더욱 명료해진다. 일찍이 『손자』는 "전쟁은 국가의 대사(大事)이다. 사생(死生)의 땅이고 존망(存亡)의 길이니 살피지 않을 수 없다"(『孫子』, 「始計」)라고 하며 전쟁에 관한 심각한 인식을 표명하였다. 한국의 학문적 풍토에서 국가의 중대사인 '전쟁'을 과연 그 중요성만큼 중요한 학문적 연구대상으로 삼고 있는지에 대해 자문하지 않을 수 없다.

고대중국의 군사사상에 관한 분석은 전쟁의 정당성 측면이나 시대적 흐름에 따른 전쟁관의 시각 확대 및 심화라는 측면에서 매우 중요한 의미를 갖는다. 이 책은 고대중국을 대상으로 전쟁수행방식의 변화와 군사사상의 분석을 통해 고대중국의 전략문화에 대한 이해를 돕고자 한다. 이를 위해 고대중국을 춘추시대, 전국시대, 진제국, 전한, 그리고 후한시대로 구분하고, 각 시대별 전쟁수행방식과 군사사상을 검토하여 연속성과 변화라는 관점에서 고대중국의 전략문화의 특성을 규명할 것이다.

1장에서는 춘추시대 고대중국의 전통적 전쟁수행방식과 전쟁관을 분석한다. 먼저 서주적 전쟁관의 특징과 춘추시대의 전쟁수행방식의 분석을 통해 서주적 전쟁관이 여전히 춘추시대에도 반영되고 있음을 확인할 것이다. 다음으로 춘추시대의 전쟁관과 군제의 형태 및 그것에 수반된 전쟁관의 특성을 『춘추좌씨전』에 기재된 전쟁관계 기사에서 찾아내어 검토해보고자 한다. 마지막으로 『손자』와 『오자』의 병서를 중심으로 그들 군사사상적 특징을 살펴보고자 한다. 병서의 연구는 병학적 입장에서 전략, 전술의 연구도 중요하지만 전쟁과 평화라는 관점에서 어떠한 전쟁관을 가지고 있는가 하는 연구시각의 확보도 중요하다. 이러한 측면에서 『손자』와『오자』의 병서를 통해 전쟁의 정당성 측면이나 두 병서의 인과관계, 그리고 전쟁관의 시각 확대 및 심화는 매우 중요한 의미를 갖는다고 할 수 있다.

2장에서는 전국시대 전쟁양상의 변화에 따른 공세적 군사사상의 형성과 발전에 대해서 살펴볼 것이다. 이는 춘추시대의 전쟁수행방식과 군사사상에 대한 흐름의 변화를 추적한다는 점에서 춘추시대와 전국시대 군사사상의 분명한 차이점을 밝혀 줄 수 있을 것이다. 이를 위해 먼저 전국시대에 들어서 전쟁수행방식이 춘추시대와 대비해 어떻게 변화되었는지 살펴보고 그와 관련되어 춘추시대에 나타난 부국강병사상이 전국시대에 어떤 식으로 공고해졌는지 국력의 회복과 군사력의 강화측면에서 그 시책들을 추적해 볼 것이다. 다음으로 전국시대의 대표적인 병서인『손빈병법(孫臏兵法)』과『울료자(尉繚子)』를 중심으로 이들 병서에 담겨있는 전략전술의 변화와 전쟁의 정당성에 관해 검토해 볼 것이다.『손빈병법』과『울료자』에 보이는 전쟁의 정당성과 부국강병사상에 대한 고찰은 앞서『손자』,『오자』의 군사사상과의 동질성과 차별성을 확인시켜 줄 것이다. 마지막으로『은작산한간(銀雀山漢簡)』과『마왕퇴한묘백서(馬王堆漢墓帛書)』의 왕패(王霸)관에 대해 분석해 보고자 한다. 이들은 전국시대부터 한(漢)대에 걸쳐 성립했다고 생각되는 문헌들과의 연관성이 높아 다른 고대 병서의 성립과정을 해명할 때도 매우 귀중한 자료이다.

3장에서는 전국 말기 진의 6국병합과 그 패도(霸道)적 군사사상에 대해 살펴볼 것이다. 이곳의 분석은 전국시대의 군사사상이 결국 진의 천하통일로 완결되기 때문에 천하통일의 기반이 되는 진의 군사사상이 무엇이었으며, 유교적 의전(義戰)사상이 지배하고 있는 가운에 진이 어떻게 전쟁의 정당성을 부여했는지 확인시켜 줄 것이다. 이를 위해 먼저 전국 말기 전쟁이 대규모화되고 장기화되면서 점차 강대국으로 성장하고 있는 진이 어떻게 6국과의 화친정책과 강경정책을 병행해가면서 전국을 통일해 나갔는지, 그리고 실제 전투수행에 있어서 진군의 전략·전술적 특징은 무엇인지를 분석할 것이다. 다음으로 진율(秦律)의 이념과 진의 법사상(法思想)을 검토해 볼 것이다. 여기서는 『수호지진묘죽간(睡虎地秦墓竹簡)』의 내용을 토대로 전국 말의 진이 관료체제를 바탕으로 어떻게 강력한 중앙집권화 국가를 건설하려 했으며, 그러한 제도를 배경으로 하여 어떻게 군사력의 증강을 도모했는지 검토해 보고자 한다. 마지막으로 진나라의 통일전쟁의 정당화 논리에 대해 살펴보고자 한다. 재상 여불위(呂不韋)가 식객 수천인에게 편찬하게 한 『여씨춘추(呂氏春秋)』에 보이는 그 사상적 특징에 관한 검토는 진의 법사상과 의병설이 어떤 논리로 침략전쟁의 정당성을 뒷받침해 주었는지 확인시켜 줄 것이다.

4장에서는 전한의 유법절충적 통치이념과 그 군사사상을 살펴볼 것이다. 이곳의 분석은 한이 진 제국의 멸망을 교훈삼아 유교적 통치이념을 도입했지만, 그것은 선진유가사상의 회귀가 아니라 시대적 요청에 부응한 유법절충적 통치이념이었으며, 그러한 통치이념이 군사제도와 군사사상에 밀접하게 연관되어 있음을 확인시켜 줄 것이다. 이를 위해 먼저 한 초기 진의 법치사상이 어떻게 인식 또는 비판되고 있으며, 전쟁에 대한 인식이 어떠했는지 검토하고자 한다. 다음으로 전한의 군대와 군사력 건설, 그리고 흉노와의 전쟁수행방식을 분석할 것인데, 이는 한제국이 방어적 전략문화외에도 공세적 전략문화도 갖고 있었다는 것을 보여줄 것이다. 마지막으로 『회남자(淮南子)』를 검토하여 그 군사사상이 어떻게 한의 무력통일을 긍정하고, 그 무력사용을 뒷받침하기 위한 하나의 이론적 역할을 했는지 알아볼 것이다.

5장에서는 후한의 전쟁관과 그 군사사상에 대한 이해를 넓히고자 한다. 이는 한 대의 전쟁수행방식과 군사사상에 대한 흐름의 변화를 추적한다는 점에서 전한과 후한의 전쟁수행방식과 그 군사사상의 차이점을 밝혀줄 수 있을 것이다. 이를 위해 먼저 왕망의 유교적 통치방식이 후한 초기에 어떻게 인식 또는 비판되고 있으며, 광무제의 통치방식과 군사에 대한 인식이 어떠했는지 검토한다. 다음으로 전한의 연속과 변화라는 측면에서 후한의 군제와 전쟁수행방식을 살펴보고, 마지막으로 왕부(王符)의 『잠부론(潛夫論)』에 보이는 군사사상적 특징을 분석할 것이다. 이러한 분석은 후한의 무력사용에 대한 인식, 전쟁관, 그리고 군주의 변방정책 등을 이해하는 데 도움을 줄 뿐만 아니라, 아울러 후한이라는 통일제국이 왜 삼국분열의 시기로 접어들게 되는지에 대한 단초를 제공해 줄 것이다.

목차

1장 춘추시대의 전통적 전쟁관

춘추시대의 전통적 전쟁관

1. 춘추 초기의 전쟁인식

기원전 1046년에 주(周) 무왕이 상(商)나라를 멸망하고 주나라를 창업했다. 하지만 기원전 770년 서쪽에서 융적(戎狄)의 침입으로 수도 호경(鎬京)이 약탈당하자 주나라는 낙읍(洛邑)으로 천도했다. 이에 후세의 사가들은 기원전 770년 이전을 서주(西周)라 하고, 그 이후부터 진의 중국통일(B.C. 221)까지를 동주(東周)라 부른다. 이 동주는 다시 453년 진(晉)나라가 위·조·한 삼국으로 분할된 시기를 기준으로 이전까지를 춘추시대(B.C. 770~453), 이후를 전국시대(B.C. 453~221)로 구분한다. 하지만 낙읍으로 천도하면서 주왕실의 세력은 급격히 쇠퇴했고, 중앙의 통제가 약해지자 이때부터 각국은 국익증진과 세력 확장에 전력을 기울이게 된다.

　　과거 주 왕실을 중심으로 중앙군과 지방군이 외부의 적에 대응했던 체제가 이때부터는 각국 간의 대결체제로 바뀌었다. 물론 춘추시대에 들어와서도 외부의 침입에 대해서는 패권국을 중심으로 여러 국가가 연합군을 편성하여 이에 대응하기도 했지만, 진(秦)의 통일 때까지 각국 간의 대결은 매우 치열하게 전개되었다. 그렇다면 이러한 급격한 변화의 시대에 고대 중국인은 전쟁을 어떻게 인식하고 있었을까? 뒤에서 『춘추좌씨전(春秋左氏傳)』을 중심으로 춘추시대 전반에 보이는 전쟁과 사상을 다루기로 하고, 우선 여기서는 서주에서 동주로 전환되는 시기, 즉 춘추 초기의 개략적인 전쟁관에 대해서 검토해 보고자 한다. 이것은 서주적(西周的) 전쟁관이 전국적(戰國的) 전쟁관으로 변화되는 과도기적 시대의 모습을 잘 관찰할 수 있게 해줄 것이다.

춘추 초기에는 종전의 서주적 전쟁형태와 전쟁관이 그대로 반영되었다. 그 예로 『좌전』에 나오는 첫 번째 전쟁 기록인 기원전 722년(魯隱公 원년)의 기사에는 이미 여름 5월에 "정백(鄭伯)이 은(段)과 언(鄢) 땅에서 싸워서 이겼다"는 내용이 있다. 이 기록은 정(鄭)의 장공(莊公)과 그 아우인 공숙단(共叔段) 사이에 발생한 이른바 내란에 관한 사실을 전한 것이다. 이는 춘추 초기의 전쟁 관련 기록으로 전차(戰車) 200승(乘)이 출동할 정도의 비교적 대규모 전쟁이었다. 정백 측의 군사력이 전차의 대수로 기재되어 있다는 점, 공자려(公子呂)가 장군으로 임명된 점은 서주적이라 할 수 있다. 왜냐하면, 서주시대의 전쟁은 기본적으로 전차를 주력으로 하는 귀족들끼리의 회전이었고, 군사력은 '승(乘)'이라는 전차의 수량으로 표시되었으며, 장군과 군사(軍師)가 독립적으로 존재하는 것이 아니라 대부분의 경우 공자려처럼 고귀한 신분의 사람이 장군으로 임명되었기 때문이다.[01]

한편, 『좌전』에는 종전의 서주적 전쟁형태 및 전쟁관과 이후의 전국적인 전쟁형태 및 전쟁관이 이미 병존하고 있는 기사들도 함께 찾아볼 수 있다. 대표적인 사례로 노환공(魯桓公) 5년(B.C. 707) "가을에 채인(蔡人)·위인(衛人)·진인(陳人)이 왕을 따라 정나라를 쳤다"고 하는 수갈회전(繻葛會戰)이다. 여기에서는 양군 모두 병력을 중군·우군·좌군으로 3분하여 대치했다. 정나라의 자원(子元)은 우선 투지가 없는 적의 좌군을 공격한 후에 왕의 중군에 전력을 집중할 것을 건의했다. 정군은 이에 따라 "편(偏)[전차]을 앞세우

---

01 黃朴民, 『先秦兩漢兵學文化硏究』(北京: 中國人民大學出版社, 2010), 24쪽.

1장 춘추시대의 전통적 전쟁관

고, 오(伍)[보병]를 뒤에 배치한다"는 '어려(魚麗)의 진(陣)'을 조직하여 크게 승리했다. 그러나 승리한 정백은 "군자는 윗사람을 능멸하지 않는 법이오. 하물며 어찌 감히 천자를 능멸할 수 있겠소. 자신을 구하고 나라를 잃지 않으면 그것으로 다행인 것이오"라고 말하며 더이상 추격하지 않고, 도리어 왕을 위문하고 측근의 안부를 물었다.[02] 수갈회전은 전차와 보병이 일체가 되어 진격하는 '어려의 진'을 창시함에 따라 그 전투내용 자체는 획기적인 것이라 할 수 있지만, 기본적인 전쟁관이나 전후 처리의 정신은 여전히 서주적인 성격을 띠었다.

『좌전』에서 장수의 인격을 논하는 내용도 주목할 부분이다. 노희공(魯僖公) 27년(B.C. 633) "삼군(三軍)을 만들어 원수(元帥)에 관한 문제를 논의했다"라는 진(晉)의 기사가 나온다. 원수를 인선할 때에 조쇠(趙衰)는 극곡(郤穀)을 추천하면서, "(극곡은) 예악을 즐기고 시서(詩書)에 조예가 깊습니다. 시서는 의리의 부고이고, 예악은 덕의 준칙입니다"라고 언급했다.[03] 이 기록은 장수를 선발할 때의 기준이 무용(武勇)이 아니라 '덕'과 '의리'에 있음을 보여주고 있다. 춘추시대에 장수를 선발할 때의 기준은 전국시대에 희미해져갔던 장군의 인격 등을 중시하는 서주적 관념이 상당히 존재하고 있는 것이다.

맹자(孟子)는 왕도정치가 쇠퇴해 가는 춘추시대의 상황을 파악하여 "춘추에 의로운 전쟁은 없다"[04]고 언명했다. 분명히 『좌전』에 남겨진 수많

---

02 『春秋左氏傳』魯桓公 5年.
03 『春秋左氏傳』魯僖公 27年.
04 『孟子』, 「盡心篇」.

은 전쟁 기록은 "윗사람(천자[天子])이 아랫사람(제후[諸侯])을 치"[05]는 정의로운 전쟁인 '정(征)'이 아니라, 제후가 서로를 공격하는 침략전쟁의 양상을 전하는 내용으로 이루어져 있다. 즉 전쟁양상면에서 춘추시대는 서주시대와는 상당히 다른 모습을 띠고 있는 것이다. 그러므로 춘추 초기는 서주적 전쟁관과 함께 전국적 전쟁관이 병존하는 과도기적 시대라 규정할 수 있을 것이다.

---

05 『孟子』「盡心篇」.

2. 전쟁의 준비와 수행

주대에 전쟁은 약 55회로 이 가운데 30여 회가 주변 이적·만이와의 전쟁이었다. 이적·만이와의 대규모 전쟁에서는 강력한 중앙의 주육군(周六軍)이 출동해서 격퇴했다. 변방의 제후가 주변의 황무지를 개척하고 성읍을 세워 식민사업을 전개할 때도 주육군의 무력보호와 협조를 받았다. 제후가 불충한 경우에는 주왕조의 명령에 따라 주육군이 출병하여 징벌을 실시했고, 이러한 징벌은 수많은 제후들에 대해 주왕의 권위와 위엄을 세워주었다.[06] 이런 의미에서 주의 중앙군은 주왕조의 봉건제도를 뒷받침했던 실질적인 통치수단의 하나였다.

주의 군제는 주족의 3씨족으로 구성된 3향제(三鄕制)를 근간으로 한 3군제(三軍制)였다. 3군제는 3경(三卿)의 통솔 아래 좌·중·우 3군으로 조직되었다. 개국 후에는 광대한 정복지의 통치를 위해 종래의 군사조직을 확대·개편했다. 3향제를 6향제로 확대하고, 전시에는 이 6향이 6개의 씨족군을 조직하여 주력부대를 형성했는데, 이것이 주육군이다. 주육군은 각 군이 기본편제 단위인 오(伍)로부터 양(兩), 졸(卒), 여(旅), 사(師), 군(軍)으로 조직되었고, 이에 상응하는 민간 행정조직은 비(比), 여(閭), 족(族), 당(黨), 주(州), 향(鄕)이었다. 1향은 12,500가(家), 1군은 12,500명으로 매 호당 1인

06　이춘식, 『중국 고대의 역사와 문화』(서울: 신서원, 2007), 94쪽.

을 징병했다. '오'는 부대의 최하 단위로 5명으로 구성되고, '양'은 5개의 '오'로 편성되어 25명으로 구성되며, 4개의 '양'이 '졸'을 구성하고, 5개의 '족'이 '사'를, 5개의 '사'가 1군을 구성했다.[07]

[표 1] 주나라의 군제

군대편제		군(軍)	사(師)	여(旅)	졸(卒)	양(兩)	오(伍)
지휘관	관명	군장	사수	여수	졸장	양사마	오장
	작급	명경	중대부	하대부	상사	중사	
인원		12,500	2,500	500	100	25	5
편제			5	5	5	4	5
행정조직		향(鄕)	주(州)	당(黨)	족(族)	여(閭)	비(比)
행정장관		향대부	주장	당정	족사	여서	비장
가수(家數)		12,500	2,500	500	100	25	5
편제			5	5	5	4	5

주의 전투부대는 대체로 보병과 전차대로 구성되었다. 보병은 일반 농민 출신의 장정으로 구성되었고, 창·활·검 등으로 무장했다. 이들은 농한기에 군사훈련을 정기적으로 받았다. 앞서 언급했듯이 서주시대의 전쟁은 기본적으로 전차를 주력으로 하는 귀족들끼리의 회전이었다. 전차에는 마부·창수·궁수 3인이 탑승했다. 가운데 마부가 타고, 그 왼쪽에는 궁수, 오른쪽에는 창이나 과로 무장한 탑승자가 탔다. 전차는 선봉에서

---

07   劉昭祥 主編, 『中國軍事制度史』(鄭州: 大象出版社, 1997), 61쪽.

1장 춘추시대의 전통적 전쟁관

적진을 돌파하는데 많은 역할을 했다. 청동제의 찬란한 장식품으로 치장된 전차는 실전에서 움직이기에 지나치게 무겁고 시끄러웠지만,[08] 전차의 위용은 이적·만이들에게 상당한 심리적 위압감을 주었던 것으로 보인다. 주의 소왕(昭王)과 목왕(穆王)은 강력한 군대를 이끌고 남쪽으로 장거리 원정도 실행했다.

그렇다면 춘추시대의 전쟁은 구체적으로 어떻게 준비되고 수행되어졌을까? 『좌전』에는 전쟁 이전의 행위에 대해서 다양한 것들이 보인다. 첫째, 정보와 보안에 관한 것이다. 적군과 아군의 힘을 평가하고 적이 잘못된 평가를 하도록 하는 것은 시대를 초월해 군사적 준비 가운데 필수적인 요소이다. 『좌전』에서 우리는 은밀한 행동과 기만의 좋은 예를 찾아볼 수 있다. 노환공 6년(B.C. 706) 초(楚)나라는 수(隨)나라 대부 소사(少師)가 초의 진영을 방문했을 때 자신들 군대의 위용을 일부러 무너뜨려 보여 준 후, 수나라가 오만해져 먼저 공격하도록 유도했다. 비록 현명한 신하 계량(季梁)이 초의 술책을 간파하고 이를 만류해 공격하지는 않았지만 적을 기만한 좋은 사례이다.[09] 직접적인 정찰은 보다 정확한 정보를 찾는 방법으로 기원전 575년 초나라와 진(晉)나라 사이에 있었던 언릉(鄢陵)전투에 잘 나타나 있다.[10] 초군이 진군과 대치했을 때 초왕은 직접 진군의 행동들에 대해 매우 자세히 물어보아 실정을 파악했다. 정보의 또 다른 측면, 즉 아측의 상황을 적에게 숨기려 했던 보안에 관계된 모습들도 춘추시대에 보인다. 예를 들면, 초왕이 전쟁 중에 사망하자 초의 신하들은 이를 숨기고 수도

---

08   크리스 피어스 저, 황보종우 역, 『전쟁으로 보는 중국사』(서울: 수막새, 2005), 20~27쪽.
09   『春秋左氏傳』魯桓公 6年.
10   『春秋左氏傳』魯成公 16年.

로 돌아올 때까지 그 아들이 아버지의 역할을 대신하도록 했다.[11]

둘째, 물리적 준비이다. 물리적 준비는 자체적인 군사력 준비와 동맹을 통한 군사력 증원으로 구분할 수 있다. 먼저 자체적인 군사력 준비를 검토해 보면, 진(晉)의 선자(宣子)는 영호(令狐)에서 진(秦)군과 전투를 벌이기 전에 "군대를 훈련시키고 무기를 날카롭게 하며, 전마를 배불리 먹이고, 잠자리에서 새벽밥을 먹이고 은밀하게 야간에 기동하라"는 군사력 준비에 대한 것을 언급하고 있다.[12] 또 다른 예로, 팽성(彭城)전투에서 진(晉)군과 초(楚)군이 미각(靡角)의 골짜기에서 대치했을 때, 진의 옹자(雍子)는 군대에 다음과 같은 명령을 내렸다. "노인과 어린이는 돌려보내고 고아와 병자도 돌려보내며, 형제 두 사람이 함께 출전한 집은 한 사람을 돌려보내고, 보병을 정선하고, 병거(兵車)를 검열하며 말에게 여물을 먹이고 병사들은 잠자리에서 새벽밥을 먹고, 군진을 갖추고 막사를 불태우라. 내일 결전할 것이다." 전쟁을 위한 군사력 준비는 시대와 국가를 불문하고 전투 직전에 수행해야 할 일반적인 일임에 틀림없으며, 고대중국에서도 야간 기동 등을 포함해 매우 치밀하게 준비되었다는 것을 보여준다.

다음으로 동맹과 관련해서 전국시대의 합종연횡이 유명한데 이러한 동맹 방식은 이미 춘추시대에도 존재하고 있었다. 각 국가는 가능한 동맹국을 분석하고, 매우 조심스럽게 동맹을 추진했다. 그러나 춘추시대의 동맹은 지속적으로 바뀌었다는 특징이 있다. 특히 약소국들은 주변강대국과 동맹을 체결하여 자신들을 보호하려 했다. 기원전 632년 초나라가 약

---

11 『春秋左氏傳』魯桓公 7年.
12 『春秋左氏傳』魯文公 7年.

소국인 송나라를 포위하자 송은 진(晉)에 구원을 요청했다. 진은 초가 조(曹)·위(衛)와 동맹관계에 있음을 이용해 조와 위를 먼저 공격함으로써 초가 송의 포위를 풀도록 했다.[13] 동맹은 상호 화합이 불가능한 나라들 간에도 나타나곤 했다. 예를 들면, 진과 초는 오랫동안 적대 관계에 있었고, 송은 지리적으로 그 가운데에 위치해 있어서 항상 불안했다. 이에 송은 스스로 주선하여 진과 초의 화친을 성사시켰다. 송의 주선으로 진과 초는 송나라 서문 밖에서 다음과 같이 맹약했다. "진나라와 초나라는 서로에게 무력을 행사하지 않고, 좋고 싫음을 함께하여 재해와 위난을 함께 위로하고 걱정하며, 흉사와 환난을 함께 구제하여 초나라를 해치는 나라가 있으면 진나라가 그 나라를 토벌하고, 진나라에 그러한 일이 있으면 초나라도 그렇게 하며, 사자를 왕래시켜 도로가 막힘이 없게 하며, 협력하지 않는 나라의 처벌을 함께 상의하고 배반하는 나라를 함께 토벌하기로 한다. 이 맹약을 위반하면 신명이 벌을 내려 그 군대를 실추시켜 국가를 보존하지 못하게 할 것이다."[14] 그러나 화친의 주선자였던 화원(華元)이 송나라를 떠나자 진과 초는 3년 후 언릉에서 대전투를 벌이게 된다. 이처럼 고대중국에서의 동맹은 상황에 따라 쉽게 바뀌고 약한 충격에도 쉽게 깨질수 있는 유리 같은 존재였다.

셋째, 정신적 준비이다. 고대 중국인들이 출전하기 전에 시행했던 중요한 행위 중 하나는 점을 치는 것이었다. 좌전에는 주역점, 거북점, 점성술, 징조나 꿈의 해석을 비롯해 다양한 방법으로 점을 친 기록들이 나타

---

13 『春秋左氏傳』魯僖公 27年.
14 『春秋左氏傳』魯成公下 12年.

난다. 점을 치는 방법은 여러 형태로 나타나지만, 이들에서 공통적으로 보이는 특징은 중복해서 점을 치는 행위에 경고를 보내고 있다는 점이다. 고대중국에서 하늘의 징조를 의도적으로 거부하는 것은 재앙으로 시현될 수 있었으므로 두 번 점을 치는 것은 해서는 안 될 행위였다. 예를 들면, 진(晉)나라 조앙(趙鞅)이 무력으로 제(齊)나라를 토벌하려 할 때, 대부들이 점을 치기를 청하자 조맹(趙孟)은 "내가 군대를 일으킬 것에 대해 이미 점을 쳤으니 이일로 다시 명하지 않을 것이다. 점은 거듭 길하지 않는 것이니 출병할 것이다"라고 말했다.[15] 이에 진군은 출병하여 승리하고 돌아왔다. 좌전에는 점을 중복해서 쳤던 것에 대한 경고성의 사례가 보인다. 노소공(魯昭公) 17년(B.C. 525), 오(吳)나라가 초나라를 토벌할 때 영윤(令尹) 양개(陽匄)는 싸움에 대해 점을 쳤는데 점괘가 불길했다. 사마(司馬) 자어(子魚)는 "우리가 상류에 있는데 어찌 불리하겠는가?"라고 했지만 내심 초조했다. 그래서 그는 과거 초나라의 사마가 거북점을 친 것을 언급하며, "내가 사병을 거느리고 가서 싸우다 죽으면 초군이 이어서 대승할 것이다"라고 하며 점을 다시 치게 했다. 과연 두 번째 점괘는 '길'했다. 이후 오군과 초군의 전투는 매우 격렬하게 진행됐다. 자어는 오군과의 첫 번째 전투에서 전사했고, 초군이 그 뒤를 이어 진격하여 오군을 대패시킨 후 오나라 왕의 '여황(餘皇)'이라는 배를 노획했다. 자어의 예견이 정확히 맞아떨어진 것이다. 그러나 선왕의 배를 빼앗긴 것을 자탄하며 되찾아 오고자 했던 오나라 공자 광(光)이 오나라 사람으로 의심받지 않을 수염이 긴 세 사람을 초인으로 위장시

---

15 『春秋左氏傳』 魯哀公上 10年.

　　　　　　　　　　　　　　　　1장 춘추시대의 전통적 전쟁관

켜 배에 잠복케 해서 결국에는 초군을 대패시키고 배를 되찾아왔다.[16] 초나라는 점괘대로 오군과의 전투에서는 이겼으나, 결국 전쟁에서 진 것이다. 이 사례는 이중으로 점을 치는 것에 대한 경고성의 이야기였다.

그렇지만 전쟁 이전에 모든 나라가 점을 친 것은 아니었다. 좌전에는 점을 치지 않고 전쟁을 한 사례도 많이 존재한다. 그중 한 사례는 노환공 11년(B.C. 701)에 있었던 운(隕)나라와 초나라 사이에 있었던 전투이다. 운이 주변국 네 나라와 연합하여 초를 공격하려 하자 초나라의 막오(莫敖)직을 맡고 있던 굴하(屈瑕)가 근심하여 점을 쳐보라고 하자, 장군 투렴(鬬廉)은 "점은 의심스러운 일을 결정하기 위해 치는 것인데, 의심이 없는데 무엇 때문에 점을 치겠습니까?"라고 하며 바로 출전하여 운군을 대패시키고 돌아왔다.[17] 비록 춘추시대에 전투나 전쟁 이전에 반드시 점을 친 것은 아니었지만, 당시 점을 치는 행위는 전쟁에 대한 불확실성과 두려움을 극복하고, 승리의 징조에 따른 전쟁의 정당성 부여와 아군의 사기를 고양하기 위한 하나의 수단으로 활용되었을 것이다.

다음으로 전쟁 준비가 완료되면 일련의 전투 행동 수칙에 따라 전투가 진행되었다. 고대중국의 군대는 조잡한 무리에 지나지 않았으며, 전투는 체계적이지 못한 난투극이었다고 추정하기 쉽다. 그러나 이것은 분명히 사실이 아니다. 많은 생생한 세부내용과 모습이 좌전에 나타난다. 그중 성복(城濮)전투(B.C. 632)는 최소한 4만 명의 병력과 전차 1,000대 이상이 동원된 대규모 전투로 춘추시대의 동맹형태와 전차전의 수행방식을 가장

---

16 『春秋左氏傳』魯昭公 17年.

17 『春秋左氏傳』魯桓公 11年.

잘 보여준다.

제 환공 사후 제의 국력이 쇠퇴하자 초(楚)는 다시 북상을 개시하여 노·정·허(許)를 비롯한 약소국을 굴복시키고 송을 압박했다. 이에 송이 진(晉)에 구원을 요청했고, 진 문공은 망명시절에 송의 보호를 받은 은혜를 갚고 동시에 이 기회를 이용해 초를 굴복시켜 패업을 달성하려고 인접국과 동맹을 결성한 후 출병했다. 진은 먼저 송에 대한 초나라의 포위를 풀기 위해 초와 동맹국이었던 조와 위를 공격했다. 진이 조와 위를 공격하자 정세를 관망하던 초의 성왕은 송의 포위를 풀고 군대를 철수시키려 했다. 왜냐하면 초의 군사력이 막강하다고는 하나 중원에서 진의 연합군과 본격적인 전쟁을 수행하기에는 병참선이 신장되어 있었기 때문이다. 그러나 초의 장수 자옥은 끝까지 철수를 반대했고, 초의 성왕은 자옥의 의견을 받아들여 초군의 지휘권을 자옥에게 위임하여 전쟁을 수행토록 했다.

진은 이미 송·제·진(秦)을 비롯해 중원의 유력한 제후들과 연합군을 형성하고 있었다. 이들 연합군은 진의 문공, 송의 성공, 진(秦)의 공자 은(憖), 제의 국귀부(國歸父)가 이끌었다. 진과 초가 대치한 이후, 진은 초의 공격을 받지 않았음에도 불구하고 모두 세 번 총 90리를 후퇴했다. 이는 과거 진의 문공이 초의 성왕과의 대담 때 3사(90리)의 거리까지 후퇴하겠다는 약속을 지키기 위해서였다. 진나라 연합군은 90리를 물러나 성복(지금의 산동성 견성(鄄城)현 부근)에 진을 쳤다.[18]

양군은 성복에서 대치했다. 진나라 진영의 전차는 700대였고 총 병력

18　양군의 구체적인 배치에 대해서는 Frank A. Kierman, Jr. and John K. Fairbank(1974), pp. 52~53 참조.

은 2만 명에 달했다. 진의 중군은 선진과 극진이, 상군은 호모와 호언이, 하군은 난지와 서신이 맡았다. 초 진영은 진·채·정·허의 군대와 신과 식에서 데려온 지원군으로 편성되었고, 병력 규모는 진의 연합군보다 약간 열세했다. 초의 중군은 영운 자옥, 좌군은 투의신, 우군은 투발이 맡았다. 진군은 급하게 편성된 초의 연합군이 일사 분란하게 지휘통제가 되고 있지 있다는 점을 최대한 이용했다. 진은 초군의 약한 우익을 먼저 치고, 훈련이 덜 된 좌익은 유인해서 협공하고, 그 다음에 마지막으로 초의 중군

[그림 1] 진·초 양군의 대형

[그림 2] 전투 경과

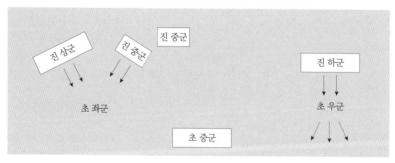

을 공격하려는 계획을 세웠다.

전투의 승패는 전투가 시작된지 얼마 되지 않아 극명히 드러났다. 사전 계획대로 진의 하군 부장 서신이 먼저 초의 우군을 맡고 있는 진(陳)과 채의 군대를 공격하여 무너뜨렸다. 우측의 상군을 맡은 진의 호모와 호언이 일부러 퇴각하자 초의 좌군은 진군을 추격해 왔다. 초의 좌군이 진군 진영으로 깊숙이 진격해오자 진 중군의 일부는 중앙에서 이탈하여 초 좌군의 우측면을 공격했고, 이때 퇴각하던 진의 상군 또한 중군과 호응하여 초 좌군의 정면을 공격했다. 양쪽에서 협공을 받은 초의 좌군은 무너졌다. 초의 좌군과 우군이 무너지고 있었지만, 초의 중군은 진의 중군 중 일부가 견제하고 있었기 때문에 쉽사리 기동하지 못했다. 결국 초의 좌군과 우군은 모두 진군에게 각개격파 당했고, 전투는 진연합군의 일방적인 승리로 끝났다. 전쟁에서 승리한 진 문공은 천토(踐土)에서 주왕을 알현했고, 초의 포로 1,000명과 군마 400마리를 바쳤다. 주왕은 문공을 패자로 인정하고 그 징표물을 내렸다.

성복전투는 앞서 언급했듯이 춘추시대의 전쟁양상과 동맹형태를 잘 보여준다. 우선 전투 자체에 있어서 전차전이 주를 이루고 있는데 이는 서주시대의 연장선상에 있었다고 해도 과언이 아닐 것이다. 또한 진의 문공이 과거 자신의 약속을 지키기 위해 90리를 물러나는 등의 태도를 보여준 것은 본격적인 양육강식의 시대로 접어들었던 전국시대와는 확연히 다른 모습이다. 이와 유사한 사례로는 '송양(宋襄)의 인(仁)'으로 잘 알려진 노희공 22년(B.C. 638)의 사건이 있다. 송 양공(襄公)은 홍수(泓水)를 도하하는 초군을 공격하자는 자어(子魚)의 건의에 대해 "군자는 부상당한 자를 거듭 상하게 하지 않고, 늙은 적은 포획하지 않는 법이다. 옛날 용병은 적이 불리한 처지에 처했을 때 승리를 도모하지 않았다. 과인은 비록 망국 군주의 후손이라 하더라도 대열을 다 이루지 못한 적을 향해 진격을 명할 수는 없다"[19]고 하면서 공격을 지체하다 초군에 참패를 당했다. 송 양공의 사고가 전략적인 착오이기는 하지만, 춘추시대에 여전히 서주적 전쟁관이 병존하고 있었다는 것을 확인할 수 있다.

---

19 『春秋左氏傳』魯僖公 22年.

3. 전쟁형태의 변화와 전쟁관

앞에서는 『좌전』의 기록을 토대로 대체로 춘추 초기의 전쟁관에 대해 고찰해 보았다. 여기서는 고찰 범위를 춘추시대 전체로 확대하여, 춘추 중·후기의 전쟁형태와 그것에 수반한 전술이나 전쟁관의 변화를 구체적으로 검토해 보고자 한다.

앞서 성복전투에서 확인할 수 있듯이 춘추 초기의 전투에서 주력부대는 전차였다. 하지만 춘추 중·후기로 가면서 보병의 중요성이 점점 증가하면서, 춘추 중기에는 전차와 보병의 공동작전이 수행되었고 보다 복잡한 측면공격도 출현했다. 그리고 후기에는 이러한 형태의 변화가 한층 진전됨과 함께 전국시대의 안행진(雁行陣)의 전신인 종대진공(縱隊進攻)도 출현했다.[20]

사실 춘추 초기의 전투에서는 전차의 약점이 계속해서 노출되고 있었다. 노희공 15년(B.C. 645) "진후(晉侯)가 진백(秦伯)과 한(韓) 땅에서 싸웠다"는 한원(韓原)전투에서는 진(晉)의 융마(戎馬)가 진창에 둘러싸여 나아가지 못하여 진(秦)에게 포획되어 버린 사건이 발생했다. 전차는 원래 중원의 건조한 평야에서 그 위력을 발휘했는데, 습지에 빠져 움직일 수 없게 되었던 것이다. 이 사건은 전차의 약점을 보여주는 대표적인 사례이다.

---

20 黃朴民(2010), 40~47쪽.

춘추 중기에 들어서면 본격적인 보병의 대두를 엿볼 수 있다. 대표적인 전쟁사례로는 노선공(魯宣公) 12년(B.C. 597)의 진(晉)과·초(楚)가 대결한 필(邲)전투가 있다. 진의 수무자는 초나라의 국정을 평가하여 "상농공가(商農工賈)가 그 업을 폐하는 일이 없고, 졸과 승이 서로 화합하여 대사(大事)가 서로 저촉되는 일이 없습니다"라고 언급했다. 여기서 졸과 승이 서로 화합한다는 표현은 이미 전차병에서 독립된 보병이 존재하고 그 보병과 전차와의 협동작전이 자명한 것이 되었음을 시사하고 있다. 보병의 중요성에 대해서는 『좌전』 노성공(魯成公) 18년(B.C. 573)의 기록도 주목된다. 그 기록에 따르면 즉위한 진(晉)의 도공(悼公)은 군제의 정비를 추진하고 "졸승(卒乘)이 화목하며 상관의 명을 잘 듣도록 가르치게 했다"[21]고 한다. 즉, 춘추 중기에는 보졸과 차병과의 협동작전 훈련을 군사력 강화의 일환으로 보고 국가적 규모로 시행하고 있었다.

　　이러한 부대편성의 개혁이 극적인 승리를 낳은 사례로 주목되는 것은 노소공 원년(B.C. 541) 진(晉)이 적(狄)을 무찌른 대로(大鹵)전투이다. 당시 위서(魏舒)(위 헌자[獻子])는 "적은 보병이고 우리는 전차병인데 양군이 조우하는 곳은 지형이 험요한 곳이니 10명의 보병으로 전차 1승과 함께 하면 반드시 승리할 수 있을 것입니다. 그들을 포위해 험요지에 밀어 넣으면 능히 이길 수 있으니 청컨대 전군을 보병으로 개편하기 바랍니다"라고 건의했다. 이에 진은 전차를 버리고 보병 부대를 구성하여 5승분의 병력을 3조의 오(伍)로 개편하고, 오대(五隊)를 중핵으로 삼아 배치한 뒤에 2대를 전방, 5대를 후방, 1대를 우익, 3대를 좌익에 배치하고 다시 1대를 적을 유인해

21　『春秋左氏傳』魯成公 18年.

내기 위한 선봉으로 삼아 출동시켜 적인을 대파했다.

여기에서 주목되는 점은 차병이 모두 보병으로 개편되었다는 점이다. 물론 이것은 중원 제후 간의 싸움이 아닌 이적과의 전투로 당시의 일반적인 전쟁형태라 간주할 수는 없을 것이다. 그러나 이것이 전차전의 쇠퇴를 상징하는 하나의 사건임에는 틀림없다. 일찍이 중원의 대평원을 질주하며 군의 주력으로서 활동한 전차는 서서히 그 자리를 보병에게 내어주고 있었다. 군대의 구성이 전차 중심에서 전차와 보병의 혼합부대로 변화된 것은 그 기동력을 현격히 높였고, 측면공격, 양배(佯北), 복병, 우회와 후방차단을 비롯한 새로운 전술의 등장을 가능하게 해 주었던 것이다. 이러한 사실들은 전차가 실제 전투력의 가치보다는 깃발이나 북과 함께 전군의 사기를 좌우하는 존재로 바뀌어 가고 있다는 것을 설명해 준다.

이러한 보병의 대두는 당시의 신분질서를 동요시킬지도 모르는 군대 구성원의 변용을 촉진했다. 왜냐하면, 전차전의 주인공은 '어(御)'·'사(射)' 기술이나 교양을 가진 귀족인데 비해 보병은 그러한 기술이나 교양을 지니지 않은 '농민'으로 구성하는 것이 가능했기 때문이다. 또한 대규모 전쟁을 승리로 이끌기 위해서는 본래의 전투원이 아닌 '농민'을 대량으로 군대에 동원해야 했다.[22] 그리고 이러한 변화는 새로운 사고를 촉발시켰다. 즉 전쟁에 승리하기 위해서는 국정 전반을 근본적으로 재검토해야 한다는 사고이다. 전장에서의 분투만이 승리를 약속하는 것이 아니다. 전시에 동원을 용이하게 하는 관료조직이 정비되어 있는지, 방대한 병력이 작전 행동을 펼칠만큼 군수물자 지원이 가능한가 하는 등 국가의 종합적인

---

22 中國人民革命軍事博物館 編著, 『中國戰爭發展史』 上(北京: 人民出版社, 2002), 63쪽.

역량이 문제시되는 시대를 맞이한 것이다.

전쟁양상의 변화와 군대 구성원의 변화는 부국강병사상의 출현을 가져왔다. 전국시대 말 상앙(商鞅)의 변법(變法)은 그 사상이 결실을 맺은 최대의 성과였다. 그러나 그러한 사고 자체는 이미 춘추시대에도 존재하고 있었다. 우선 『좌전』 노민공(魯閔公) 2년(B.C. 660)의 기사로 위(衛)의 문공(文公)은 "대포(大布)로 만든 옷을 입으며 대백(大帛)으로 만든 관을 쓰고 재(財)를 힘써 모으며 농사를 지도하고 상인의 왕래를 편하게 하고 공인에게 혜택을 주고 교육을 존중하여 학문을 권장하고 법도를 전수하며 능력 있는 자를 임용했다"[23]고 하는 국내 개혁을 단행했다. 그 결과 즉위 원년에 30승뿐이었던 전차가 말년에는 300승으로 증가했다. 농상공 전체의 진흥을 배려하여 교육과 학문을 중시하는 등의 시책을 추진한 결과 군사력의 증가가 달성된 것이다. 물론 상앙의 변법과는 규모나 성질이 다르지만, 뒷날 전국시대의 부국강병책을 앞서 행한 것으로 평가할 수 있다.

마찬가지로 토지개혁을 군사력 강화에 연결한 것으로 노희공 15년(B.C. 645)의 진(晉)의 사례가 있다. 진(晉)나라는 같은 해 원전제(爰田制)와 주병제(州兵制)를 시행하여 국력의 증강에 힘썼다. 원전제는 토지의 경계를 바꾸면서 공전(公田)을 늘려, 그것을 군사적 공적에 대한 포상으로 지급하고자 한 토지개혁이다. 주병제는 5당(黨)(1당은 500가)을 주(州)(2,500가)로 편성하고, 그에 따라 군대를 편성한 병력 증강책이다. 당시 진 이외의 다른 국가들도 백성을 안무·교화하고 국력을 회복·안정시키는 것이 군사력의 강화와 전쟁에서의 승리로 연결된다는 장기적인 전망 아래 유사한 시책을 잇

---

23 『春秋左氏傳』 魯閔公 2年.

달아 시행했다.[24]

이처럼 춘추시대에도 이미 전쟁에 승리하기 위한 필수적인 전제로 내정의 충실, 국력의 회복, 백성의 교화 등이 강하게 의식되기 시작했음을 알 수 있다. 물론 이것들은 상앙의 변법으로 대표되는 전국시대의 부국강병책에 비하면 아직은 초보적인 시책에 지나지 않았다. 하지만 전국시대에 확립될 부국강병 사상의 맹아는 전쟁형태나 그에 수반된 전쟁관의 변화를 기반으로 하여 춘추시대에 이미 존재하고 있었다.

전쟁이 전차전을 기본으로 한 귀족끼리의 단기결전에서 국력을 경주한 대규모 침략전쟁으로 변용되어 가자, 뒤이어 그러한 거대한 사업을 수행할 때 정당성이 무엇인지가 문제가 되었다. 대규모화한 전쟁은 국가의 정치·경제 전반에 심각한 영향을 미친다. 가령 압도적인 군사력으로 타국을 제압했다 하더라도 정당성 없는 군사행동은 피점령지 백성의 반발이나 국제사회의 비난과 자국 내부에서 전쟁을 기피하는 분위기를 조성하여 전쟁처리나 점령지 경영에 큰 지장을 초래할 수 있었다.

그렇다면 춘추시대에 이 문제는 어떻게 이해되고 있었는가? 앞에서 서술했듯이 『좌전』 최초의 전쟁 기사인 정나라의 내란을 발단으로 하여 그 수년 뒤에는 제국의 연합형태를 수반한 국제전쟁이 발생했다. 이러한 상황은 주왕조의 쇠퇴와 더불어 일국 대 일국의 전쟁에서는 강하게 의식할 수 없던 새로운 '천하통일'이라는 시야로 확장해 간 것이라 추측된다. 그러나 필전투(B.C. 597)에서 진(晉)에 크게 승리한 초왕이 '무(武)'라는 문자가 '止'와 '戈'를 더하면 武가 된다고 하면서(싸움을 멈추게 한다는 의미이다) 불필요

---

24 高銳 外, 『中國軍事史略』 上(北京: 軍事科學出版社, 2000) 81~95쪽

한 도발행위를 반대한 점과, 성공 16년(B.C. 575)의 언릉전투에서 진나라 범문자가 "적은 초나라뿐이오. 오직 성인만이 나라 안팎으로 우환을 없앨 수 있소"라고 했다는 논리를 전개하고 있는 점으로 보아 전쟁이 천하통일의 목적이 아닌 자국의 생존과 연명이라는 관점에서 치러진 것임을 알 수 있다. 춘추시대에 전쟁의 정당성에 관한 문제는 진이 전국을 통일한 전국시대에 비해 아직은 미숙한 단계에 머물고 있는 것이다.

그러나 무력의 보유에 대해서는 그 정당성을 명확히 하고 있다. 예를 들면, 송나라의 자한(子罕)은 "하늘이 5재(材)를 낳자 백성들이 모두 이를 이용하고 있습니다. 이 가운데 한 가지도 버릴 수가 없는데 그 누가 병기를 제거할 수 있다는 것입니까? 병기를 만든 지 이미 오래되었는데 이는 궤도를 이탈한 자를 위협하고 문덕을 밝히기 위한 것입니다"라고 언급했다. 자한은 생존을 도모하고 악자를 징벌하는 수단으로서 병기의 보유와 무력의 행사를 정당화하고 있는 것이다.

춘추시대는 주왕조의 권위가 겨우 잔존한 가운데 강대한 군사력을 가진 대국과 그 사이에서 연명하는 방법을 모색하는 소국이 병존하는 시대였다. 춘추 중기까지의 전쟁에서는 적대국과의 군사적 항쟁에 승리를 거두어 중원에서 패를 주창하는 형태로 자국에게 안녕과 발전을 가져오는 것이 주요 전쟁 목적이었다. 적대국 그 자체의 섬멸을 목적으로 한 전쟁은 오초(吳楚)·오월(吳越)의 전쟁에서 확인되듯이 춘추 후기 이후에 차츰 등장한다. 따라서 춘추 중기까지는 전쟁이 다양한 연합형태를 취하며 대규모화한다 하더라도 거기에는 주왕실에 대신하여 징벌을 집행한다는 정신이 남아 있었다. 이런 의미에서 춘추시대의 전쟁은 천하통일을 지향하는 전국시대의 전쟁과는 약간의 질적인 차이를 가지고 있었다.

4. 『손자(孫子)』의 군사사상

『손자』는 당시 오나라의 군사행동을 중심으로 춘추시대 전기 이후의 다양한 전투사례와 군사적 사고를 귀납적으로 체계화시켜 보편적인 이론으로 제시한 것이다. 특히 『손자』는 전쟁의 승리에 있어서 주술적인 면을 부정하고 인사(人事)의 중요성을 강조했다.[25] 『손자』의 개별적인 내용의 대응관계에 대해서는 이미 기존 연구에서 많이 지적하고 있다.[26] 여기서는 그러한 개별적인 요소들을 재검토하는 것은 피하고 『손자』의 군사사상적의의를 앞서 검토한 춘추시대 전쟁관과의 관계라는 측면에서 분석하고자한다.

먼저 검토할 것은 『손자』의 전쟁관과 부국강병책이다. 여기서 주목할것은 『손자』의 「시계편(始計篇)」에 "전쟁(兵)은 국가의 대사요, 사생의 땅이요, 존망의 길이니 살피지 않을 수 없다"[27]라고 언급한 부분과 「작전편(作戰篇)」의 "전차 1,000승, 병력 10만과 군량을 1,000리에 걸쳐 수송해야 하며, 내외의 경비, 빈객의 비용, 전쟁물자, 전차와 갑옷의 보급하는데 매일 1,000금이 필요하다. 이를 감당할 수 있어야 10만의 군대를 일으킬 수 있

---

25 Frank A. Kierman, Jr. and John K. Fairbank(1974), p. 5.

26 김광수, 『손자병법』(서울: 책세상, 1999); 유동환, 『손자병법』(서울: 홍익출판사, 1999); 김기동, 『중국 병법의 지혜』(서울: 서광사, 1993).

27 『孫子』, 「始計篇」.

다"라고 언급한 대목이다. 『손자』는 전쟁이 국가의 존망과 국민의 생사와 긴밀하게 연결되어 있다고 보고 있으며, 이러한 심각한 전쟁 인식을 토대로 『손자』에서는 또한 "이익(利)에 부합되면 전쟁을 하고, 이익에 부합하지 않으면 전쟁을 멈춰야 한다"[28]고 주장하고 있다. 즉 『손자』의 전쟁 인식은 춘추시대의 전쟁이 한 번의 결전으로 승패를 다투는 소규모 전쟁이 아니라 이미 장기적이고 국가의 정치와 경제에 심각한 영향을 주며 전쟁의 결과에 따라 나라가 멸망할 수 있는 대규모 전쟁을 전제로 하고 있다.

그렇다면 『손자』는 춘추시대에 중요시되어가고 있던 부국강병사상을 어떻게 이해하고 있었을까? 이에 대해서는 묘산(廟算) 때의 '오사칠계'에 "법이란 군대의 조직과 편제 단위, 지휘통신의 수단인 깃발과 악기의 운영규정, 벼슬 및 계급 체계와 직무의 합리적인 배분, 식량 등 군수물자의 조달과 공급에 관한 업무를 말한다", "법제는 누가 더 엄격하고 공정하게 시행 하는가", "상벌은 누가 더 공정하고 분명하게 시행 하는가"라고 하는 등의 국내 제도에 대한 언급이 보인다.[29] 이처럼 『손자』에서는 전쟁을 위한 국내정치의 개혁과 확립이 전제되어야 한다는 점을 인식하고 있었다고 여겨지지만, 구체적인 제도개혁이나 국가의 항시적 체제로써 명확히 제시된 것은 아니었다.[30] 이것은 전국시대의 상앙변법이나 전국 초기의 병서인 『오자(吳子)』에서 유사시를 전제로 국내 시책의 중요성을 언급한 것과 비교하면 크게 뒤떨어진다.

둘째, 대량의 민중 동원에 따른 군대의 지휘통솔 문제이다. 춘추시대

---

28 『孫子』,「火攻篇」.
29 『孫子』,「始計篇」.
30 湯淺邦弘(1999), 65쪽.

전쟁의 대규모화에 따라 대량의 농민을 동원해야 했고, 이러한 대규모 병력 동원은 지휘 통솔 면에서 많은 문제점을 노출시켰을 것이다. 이와 관련해 『손자』에는 '용중(用衆)'의 문제와 관련된 것들이 자주 언급되고 있다. 『손자』는 "무릇 많은 수의 병력을 적은 수처럼 다루는 방법은 합리적인 조직과 효율적인 편제를 갖추는 것이다. 대규모 부대를 소규모 부대처럼 일사분란하게 다루는 것은 신속한 지휘계통에 있다"[31]와 같이 부대 편성의 정비와 지휘명령계통의 확립을 설명했다. 또한 『손자』는 민중의 동원이나 그 집합체인 군대의 지휘에 관한 사고라는 측면에서 "병사들과 아직 친해지지 않은 상태에서 그들을 처벌하면 복종하지 않는다. 복종하지 않으면 사용하기 어렵다. 병사와 친해졌는데도 벌을 시행하지 않으면 또한 사용할 수 없다. 그러므로 도리에 맞게 명을 내리고 위엄으로써 다스린다"[32]라고 주장하고 있다. 동원병력이 증가함에 따라 본래의 상비군이 아닌 민중을 동원하면서 병사들의 지휘 문제가 중요하게 되었던 시대상황이 『손자』에 투영되고 있는 것이다.

또한 『손자』에는 장수의 자질과 권한에 대해서도 언급하고 있다. 긴급 동원된 대규모의 병력을 지휘통솔하기 위해서는 우수한 자질의 '장수'가 필요했음은 당연할 것이다. 주목되는 것은 전장에서 장수의 권한에 관한 것이다. 『손자』는 군주가 지휘권에 간섭하여 군대에 해를 끼치는 세 가지(① 군의 상황을 모르고 군대에 전진과 후퇴 명령을 내리는 것, ② 군의 사정을 모르고 군정에 관여하는 것, ③ 군의 전술을 모르고 지휘권에 간섭

---

31 『孫子』,「兵勢篇」.
32 『孫子』,「行軍篇」.

하는 것) 경우를 제시하고 있다. 『손자』는 왕이라도 전장에 나간 '장수'의 지휘권을 간섭해서는 안 된다고 주장하고 있다. 이는 대규모화되고 전술이 복잡해진 전쟁 양상의 변화에 따라 군의 전문화가 더욱 요구되고 있는 정황을 보여준다.

한편, 『손자』는 '기(氣)'와 '세(勢)' 사상을 도입했는데, 이것은 대량으로 동원된 개별 병사들에게서 어떻게 하면 최대한의 전투력으로 창출해 낼 것인가와 밀접한 관련이 있다. 『손자』는 "전쟁에 능한 자는 세(勢)로 승리를 추구하며, 병사 개개인의 전투력만을 탓하지 않는다", "지휘를 잘하는 자는 천 길 높은 산골짜기에서 둥근 바위를 굴리듯 세차고 거세게 병사들을 몰아붙인다. 이것이 세이다"[33] 라고 주장했다. '기'가 전투원 각각의 정신을 고무함에 따라 전체 병력을 고양시키는 것이라고 한다면, '세'는 군대라는 조직을 어떤 상황 하에 둠으로써 전투원 개개인의 역량을 단순히 합산하는 것 이상의 군사력을 창출해 내는 것이라 할 수 있다.[34] 이는 일회성의 단기전에서 장기전으로 변화되는 시대상황에서 『손자』가 전쟁의 승패가 개인의 능력보다는 군대와 국가의 총체적인 힘에서 나온다는 것을 간파하고 군대의 전투력을 극대화하는 방법을 강구한 것이라 할 수 있다.

셋째, 『손자』의 전략·전술사상이다. 대표적으로 '모공(謀攻)'사상과 '궤도(詭道)'사상을 들 수 있다. 이것은 전쟁과 전투에서 어떻게 승리할 것인가에 대한 구체적인 방법론적인 사고라 할 수 있다. 『손자』는 "무릇 용병의 방법은, 적국을 온전히 두고서 굴복시키는 것이 상책이고, 적국을

---

33 『孫子』,「兵勢篇」.
34 湯淺邦弘(1999), 62~63쪽.

파괴하고 굴복시키는 것이 차선책이며, 군대를 온전하게 하는 것이 상책이고, 군대를 파괴하는 것이 차선책이다… 그러므로 용병을 잘하는 자는 적군을 굴복시키되 싸우지 않으며, 적의 성을 탈취하되 공격하지 않으며, 적국을 격파하되 오래 끌지 않는다. 반드시 온전하게 천하를 쟁취한다"[35] 라고 했다. 이것은 전쟁이 대규모화 되면서 그 승패가 국가의 존망과 직결되므로 직접적인 대결보다는 외교나 정략으로 전쟁의 목적을 달성하겠다는 인식에서 나온 '모공 사상'인 것이다. 이러한 점은 서주시대에는 볼 수 없었던 춘추시대 전쟁관의 특색이라 할 수 있다.

또한 『손자』는 "전쟁은 기만술이다. 그러므로 공격할 능력이 있어도 없는 것처럼 보이고, 공격할 필요가 있어도 공격할 필요가 없는 것처럼 보이게 한다… 그러므로 적이 준비되지 않은 곳을 공격하고, 의도하지 못한 곳을 공격한다"[36] 라고 언급했다. 이것은 전쟁의 기본적 성격을 '궤도(詭道)'로 규정한 것이다.[37] 『손자』의 이러한 인식은 전쟁양상의 변화와 밀접한 관련이 있다. 서주시대 전차전 위주의 정면대결 양상이 춘추시대에 보병 중심의 전투로 바뀌어감에 따라 보병이 수행할 수 있는 매복, 우회공격, 양공을 비롯한 다양한 전술이 등장하고 있는 것이다.

마지막으로 검토할 것은 전쟁의 정당성과 윤리적 사고이다. 춘추시대에 전쟁은 하늘을 대신해 징벌한다는 관념보다는 중원에서 패자를 칭하기 위한 효과적인 수단으로 인식되었고, 전후의 처리나 휴전을 위해 체결한 회맹(會盟)도 서로의 군사력을 과시하기 위한 무대로 기능할 뿐이었

---

35 『孫子』,「謀攻篇」.
36 『孫子』,「始計篇」.
37 湯淺邦弘,(1999), 59쪽.

다. 그렇다면『손자』는 전쟁의 정당성의 문제에 대해 어떠한 사고를 갖고 있었는가?『손자』에는 이 문제에 관한 직접적인 언급은 보이지 않는다. 다만『손자』는 "한 나라의 군주 된 자가 한 때의 노여움 때문에 전쟁을 일으켜서는 안 되며, 전군의 장군 된 자가 잠깐의 분노 때문에 전투를 추구해서는 안 된다. 나라의 이익에 들어맞으면 행동을 취하고, 나라의 이익에 맞지 않으면 진행 중인 전쟁이라도 멈추어야 한다"[38]라고 언급했다. 이것은 전쟁이나 전투 여부를 결정할 때 왕이나 장군의 사사로운 감정에 치우쳐서는 안 되며, 오로지 '이익(利)'에 부합하는지 여부에 따라야 한다고 주장한 것이다. 바꾸어 말하면『손자』는 군대를 일으키는 옳고 그름, 즉 전쟁의 정당성 면에서 그 전쟁에서 승리할 수 있는가 없는가를 중요하게 생각했을 뿐, 이후 전국시대에 등장하는 천하통일의 명분론과 같은 이론적 체계를 갖춘 것은 아니었다.

다음으로『손자』에는 전쟁의 윤리적·도덕적 문제를 어떻게 판단하고 있는가?『손자』에는 "지혜로운 장수는 적에게서 식량을 뺏는다. 적의 1종(鍾)은 아의 20종이며, 적의 1석(石)은 우리의 20석이다. 적개심을 갖게 해 적을 죽이게 하고, 상금을 주어 적의 물자를 빼앗게 한다. 전차 10승을 취했다면 먼저 획득한 자에게 상을 준다"[39]와 "적에게서 빼앗은 식량과 물자는 병사들에게 나누어 갖게 한다"[40]는 등의 표현이 보인다.『손자』는 침략한 적국에서 전쟁에 소모되는 군량과 물자를 취할 것을 주장하고 있다. 물론, 이러한『손자』의 인식이 장기전 하에서 계속되는 무기와 군량의 소

---

38 『孫子』,「火攻篇」.
39 『孫子』,「作戰篇」.
40 『孫子』,「軍爭篇」.

모가 국가 재정을 고갈시켜 국내 정치를 불안하게 한다는 이유에서 나온 것이라 해도, 전쟁의 도덕적·윤리적인 부분은 크게 고려하지 않고 있다.[41] 이러한 『손자』의 인식은 앞서 살펴보았던 진 문공이 자신의 약속을 지키기 위해 전장에서 90리를 후퇴한 것이나 송의 양공이 적이 불리한 처지에 처했을 때 승리를 도모하지 않겠다고 하면서 홍수를 건너는 초군을 공격하지 않았던 춘추 초기의 서주적 전쟁관과 비교하면 상당한 거리가 있다.

---

41 『孫子』,「作戰篇」.

전국시대의 전쟁양상과 군사사상

1. 전쟁양상의 변화

전국시대는 진(晉)이 위(魏)·조(趙)·한(韓)으로 분리된 기원전 453년부터 시작되었다.[01] 애초 진은 북방의 강국으로 진 문공이 패권을 장악한 이래 남방의 초나라와 춘추 말기까지 패권을 겨루었다. 그러나 한(韓)·위(魏)·조(趙)·지(知)·범(范)·중행(中行)의 여섯 씨족들이 점차 득세하여 진의 공실은 날로 쇠약해져 갔다. 결국 기원전 453년 진의 한씨·위씨·조씨 3가가 진공실의 토지를 분배하여 진국은 멸망하고 한·위·조의 3진이 새롭게 등장했다.[02] 한·위·조 3진은 병합과 공벌의 과정을 통해 개국했고, 이 3국의 출현은 당시의 국제정세에 깊은 영향을 미쳤다. 국경이 모두 적대국과 인접되어 있어 매우 호전적이었던 이 3국의 출현은 전국시대의 무수한 전쟁과 세력 변동을 태동케 했다.

　전국시대의 전쟁은 춘추시대와는 매우 다른 양상을 띠었다. 춘추시대는 주왕조의 권위가 겨우 잔존한 가운데 강대한 군사력을 가진 대국과 그 사이에서 연명하는 방법을 모색하는 소국이 병존하는 시대였다. 전쟁

01　춘추시대와 전국시대의 구분에 대해서는 두 가지 설이 있다. 하나는 진(晉)이 한·위·조로 삼분되는 기원전 453년을 기준으로 보는 견해와 다른 하나는 한·위·조가 주 천자에게 제후로서의 지위를 공식 승인받은 기원전 403년으로 보는 견해이다. 명분을 중시하는 측면에서는 후자의 주장도 틀린 것은 아니지만, 여기서는 연구의 목적상 역사 사실 자체를 중시하여 실제 진이 삼분되었던 기원전 453년을 전국시대의 시작으로 보는 설을 취한다.

02　이춘식(2007), 159~161쪽.

의 주요 목적은 주로 적대국과의 군사적 항쟁에 승리를 거두어 중원에서 패를 주창하는 형태로 자국에게 안녕과 발전을 가져오는 것이었다.[03] 이런 의미에서 춘추시대의 전쟁은 천하통일을 지향하는 전국시대의 전쟁과는 질적인 차이를 가지고 있었다.

전국시대에 중국은 잔혹한 양육강식의 시대에 접어들고 있었다. 남쪽의 강국 월(越)이 점차 쇠약해져감에 따라 진(秦)·제(齊)·초(楚)·연(燕)·조(趙)·위(魏)·한(韓)의 7국이 병립하게 되었다. 당시 중국은 이 7개 강국 이외도 노(魯)·송(宋)·정(鄭)위(衛)·중산(中山) 등 10여개의 중소국가들이 병존하고 있었는데, 특히 7개 군사강국은 영토 확장, 노동력 점유, 부의 약탈을 위해 서로 격렬한 병탄전쟁을 전개했다.[04]

이처럼 전국시대의 전쟁은 춘추시대의 패권이나 영토획득에 머물지 않고 '천하' 경영을 의식한 타국 병탄으로 나아가게 되었고, 전쟁의 직접적인 목표는 적의 성을 공격하여 적국을 완전히 멸망시키는 것으로 변화되었다. 이에 따라 전국시대에 각국 간에는 외교술, 권모술수, 책략 등이 난무한 가운데 강국 간의 합종과 연횡이라는 복잡한 정세가 출현했다. 맹자는 이러한 전국시대의 상황을 보고 "땅을 빼앗기 위해 전쟁을 하여 사람을 죽이니 들판에 시신이 가득하고, 성을 빼앗기 위해 전쟁을 하여 사람을 죽이니 성에 시신이 가득하다"라고 한탄했다.[05]

---

03 기원전 632년에 강대국인 진(晉)과 초(楚) 사이에 발생한 성복전투에서 초는 진의 연합군에게 대패했지만 멸망하지 않았고, 진 문공은 주왕에게서 패자로 인정받았다. 『春秋左氏傳』 魯僖公 28年.

04 中國人民革命軍事博物館 編著(2002), 93쪽.

05 『孟子』, 『離婁上』.

전쟁의 장기화와 그 규모의 확대에 따라 잔존한 국가들은 각자 자국의 군사력 증강을 도모하지 않을 수 없었다. 『전국책(戰國策)』에 근거하면, 진과 초는 병력이 각각 100만 명, 전차 1,000승, 기병이 1만필이었고, 위는 병력이 70만 명, 전차 600승, 기병은 5,000필이었으며, 제는 병력이 수십만명, 조는 병력이 수십만명, 전차 1,000승, 기병 1만필, 한은 병력이 30만 명, 연은 병력이 수십만명, 전차 700승, 기병은 6,000필로 전쟁의 규모가 춘추시대와 비교해 급격히 확대되었다. 구체적인 예로 마릉(馬陵)전투에서 위(魏)나라는 10만 명의 군대를 출동시켰고, 제서(齊西)전투에서 연나라는 제의 70여 성을 함락했으며, 이궐(伊厥)전투에서 진(秦)의 백기는 한·조 연합군을 공격해 24만 명을 살상했다. 특히 진나라와 조나라가 싸운 장평(長平)전투에서 조군의 사망자는 45만 명에 달했다. 비록 기록된 숫자가 과장되었다고 보지 않을 수 없지만 전국시대 전쟁의 일면을 보여주는 데는 부족함이 없다. 당시의 전쟁 양상은 총력전의 형태로 한 번의 전역에서 수만 명에서 수십만 명의 병력이 사상당하였다.

그렇다면 이렇게 격렬했던 전장에서 전투의 주력을 담당했던 주요 병종은 무엇이었을까? 앞서 언급했듯이 춘추 초기에는 주로 귀족들로 구성된 전차전이 주력이었지만, 춘추 중·후기에는 전쟁규모가 확대되면서 보병이 주요 병과로 등장하게 되었다. 전국시대에는 보병의 중시 추세가 계속되었으며 여기에 기병까지 가세하게 된다. 군대 편제를 보면 춘추시대에 전차 중심의 3군은 전국시대에 들어서 전차·보병·기병이 혼합된 편제를 보이게 된다. 이는 주요 전투원이 과거 지배 및 귀족 계층 중심에서 농민으로 이미 바뀌었음을 의미한다. 이처럼 보병과 기병이 전장에서 주요 임무를 맡게 됨에 따라 전쟁형태도 전차전 중심에서 보병·차병·기병의 합동전으로 변화되었다. 전투 장소 또한 과거 전차전이 가능한 넓은 평원에서 구릉·산림·늪지대로 다양화 됐다. 그리고 보전합동전이 가능하게 됨에 따라 전술도 전차전 중심의 정면 공격에서 보병과 기병을 활용한 측면공격, 유인, 매복, 우회, 후방 차단 등의 다양한 전술이 등장했다.

[표 2] 춘추시대와 전국시대의 전쟁양상

구분	춘추시대	전국시대
전쟁 목적	자국의 안전, 주왕조 차원의 징벌	'천하' 경영을 의식한 타국 병탄
전쟁 목표	한두 차례의 전투 승리로 타국의 성과 땅을 빼앗는 것	적국을 공격하여 완전 멸망시키는 것
전쟁 기간	단기전	장기전
군대 편제	전차 중심의 3군	보병의 확대(전차 3군+보병 3군)
전쟁 형태	전차전	보(병)·전(차)+기병의 합동전
병력 구성	지배 및 귀족 계층 중심	대규모 농민 동원
전투 장소	넓은 들	구릉, 산림, 늪
전술	정면 전차전	측면 공격, 유인, 매복, 우회, 차단 등 새로운 전술 등장

이러한 전국시대 전쟁형태의 변화는 사회전반에 걸쳐 지대한 영향을 미쳤다. 무엇보다도 일반 농민들로 구성된 대규모의 보병이 대두됨에 따라 당시의 신분질서가 동요하게 되었고 지배계층으로 살아왔던 귀족들이 저항하게 되었다. 또한 국가적 측면에서 대규모의 동원에 필요한 행정조직이 필요하게 되었으며, 이들 대규모 병력을 지원하기 위한 국가의 경제적 기반의 충실이 요구되었다. 각국의 통치자들은 격렬한 겸병전쟁의 와

중에 생존과 발전을 위해 정치·군사 인재들을 등용하여 부국강병책을 도모하지 않을 수 없게 되었다.

2. 전국칠웅의 부국강병책

여기서는 앞서 살펴보았던 전국시대 전쟁양상의 변화에 따라 전국칠웅으로 일컬어지는 강대국들이 어떠한 부국강병책을 실시했는지 구체적인 시책들을 검토해 볼 것이다. 전국시대에 들어서 각국은 대내적으로 통치를 강화하고 대외적으로 겸병전쟁에서 승리하기 위해 국력을 확대하고 군사력을 강화하는 정치·군사 개혁들을 단행했다. 전국칠웅 중 가장 먼저 국가 개혁을 시도한 나라는 위(魏)였다.

위는 3진(晉)의 하나로 중원의 중심에 자립잡고 있었다. 대략 지금의 섬서성과 하남성 일대로 황하를 끼고 있었으며, 수도는 안읍(安邑, 지금의 서하현(西夏縣) 서북)에서 기원전 316년 대량(大梁, 지금의 하남성 개봉(開封))으로 천도했다. 위는 진·조·한·정·초·제 등의 나라와 국경을 맞대고 있었다. 위의 문후(文侯)는 당시 최고로 성망 있던 제후로 기원전 445년 즉위 후 복자하(卜子夏), 전자방(田子方), 이회(李悝), 오기(吳起)를 비롯한 여러 인재들을 등용하여 정치·군사개혁을 추진했다. 특히 재상으로 임명된 이회는 관작세습제 폐지를 비롯해 정치개혁을 단행했다. 그는 "노동이 있어야 먹을 것이 있고, 공이 있어야 녹이 있다"라는 원칙하에 관리들을 선발하여 신상필벌을 명확히 했다.[06] 또한 정전제를 폐지하여 농업 생산력을 향상시켰으며, 풍년

---

00 『漢書』, 「食貨志」.

일 때 국가에서 곡식을 사들이고 흉년일 때 보통가로 파는 '평적법(平糴法)'을 시행해 사회의 안정을 도모했다.

위 문후는 오기를 진과 위가 대치하고 있던 요충지, 황하 일대의 서하(西河) 군수로 임명하여 그곳의 방어를 책임지게 했다. 오기는 서하에서 이른바 '무졸제(武卒制)'라는 군사개혁을 시행하여 강대국 진(秦)을 수차례 격퇴시키고 5개성을 획득했다. 오기의 군사개혁의 핵심은 정예 3,000명을 선발하여 병사들 개개인의 능력에 따라 적재적소에 배치하고, 그 선발된 병사들 가족에게는 주변의 땅을 주어 생계를 유지하도록 한 것이다.[07] 진군이 쳐들어오면 서하를 수비하던 병사들은 자신들의 가족과 토지를 지키기 위해 전력으로 싸우지 않을 수 없었다. 이렇게 해서 오기는 진군과의 몇 차례의 싸움에서 모두 승리하는 전과를 거두었다. 이회의 정치개혁과 오기의 군사개혁으로 위는 전국 초기 최강대국의 위치를 차지할 수 있었다. 그러나 혜왕(惠王: 기원전 370~319) 이후 한·조·제·진으로부터 연합 공격을 받은 위는 영토를 크게 상실하였고, 다시 부흥하지 못했다.

위 다음으로 국정개혁을 시도한 나라는 조(趙)였다. 조는 중원의 제일 북방에 위치하고 있었다. 대략 지금의 산서성을 중심으로 섬서성 동남부와 산동성의 서부 일대를 포함했다. 기원전 425년 진양(晉陽, 지금의 산서성 태원(太原))에서 중모(中牟, 지금의 하남성 학벽산성(鶴壁山城))로 천도한 후 다시 기원전 386년에 한단(邯鄲, 지금의 하북성 한단)으로 수도를 옮겼다. 조는 서쪽으로 진, 동쪽으로 연, 남쪽으로 한·위와 국경을 맞대고 있었다. 조의 열후(烈侯)는 기원전 403년 공중(公仲)을 재상으로 삼고, 우축(牛畜)을 사(師)로, 순흔(荀欣)을 중

07　『오자(吳子)』 오자의 구체적인 군사사상에 대해서는 본장 제3절을 참조.

위(中尉)로, 서월(西越)을 내사(內使)로 임명하여 국정개혁을 추진했다. 이들은 조의 내정을 개혁하고, 능력에 따라 관직을 부여했으며, '절재검용(節財儉用)'제를 시행하여 국가 재정의 내실을 기했다. 특히 후대에 조 무령왕(武靈王: 기원전 325~299)은 군사제도를 개혁하면서 '호복기사(胡服騎射)'라는 강력한 기병부대를 조직하여 조를 신흥 군사강국으로 만들었다.[08]

전국시대 최초 패권국이었던 위가 쇠약해지자 다음으로 제(齊)가 강성해졌다. 제의 위왕(威王: 기원전 355~320)은 추기(鄒忌)를 재상으로 삼아 내정을 강화하고, 정치개혁을 단행했다. 신하들에게 언로를 개방하여 적극적으로 간언을 하도록 했으며, 상벌을 분명히 하고, 인재를 등용했다. 특히 그는 군사가인 손빈(孫臏)을 등용하여 군대를 정예화시킴으로써 군사력을 강화했다. 당시 제의 군대는 '격기(擊技)'의 병사로 불릴 정도로 전투력이 뛰어났고, 군사강대국으로서의 명성을 얻게 되었다. 부국강병책을 시행하여 군사력을 강화한 제는 위군을 계릉(桂陵)에서 격퇴하여 강대국 위의 세력을 약화시켰으며, 기원전 343년에는 유명한 마릉(馬陵)전투에서 위군을 완파함으로써 위의 패권은 제로 넘어오게 되었다. 그러나 제도 기원전 284년 연(燕)을 중심으로 한 연합군의 공격을 받아 수도 임치를 포함한 70여 성이 함락되었다. 후에 연군을 물리치고 국토를 대부분 회복했으나 중원의 패권은 상실했다.

초(楚)는 춘추 말기에 오(吳)의 침입을 받아 국력이 일시 쇠약해졌으나, 전국 초기에 진(陳)·채(蔡)·기(杞)·거(莒)를 비롯한 약소국들을 병합하고, 월을 멸하여 영토를 크게 확장했다. 당시 초의 영토는 북으로는 하남성 남

---

08   高銳 外 (2000), 166~168쪽

부, 동으로는 강소성과 절강성 연해, 서로는 섬서성 남부와 사천성 동부, 서남쪽으로는 귀주성 동북부에 달하여 전국칠웅 가운데 영토가 제일 넓었다.[09] 특히 도왕(悼王)은 오기가 위에서 초로 망명해오자 그를 영윤(令尹)에 임명하여 국가 개혁을 추진했다. 오기는 토지 개간과 농업 증산에 노력하고, 법령을 개정하여 불필요한 관리를 줄이고 권문세족들의 세력을 약화시켰으며, 군대의 처우와 전투력을 제고시켰다. 그 결과 초의 국력은 크게 신장되어 도왕 때에 삼진(三晉)을 패배시키고, 서쪽으로는 진(秦)을 공격했다. 그러나 기원전 381년 도왕이 사망하자 오기는 초의 기득권세력들에게 살해당했으며, 오기가 추진했던 정치개혁 또한 중단되었다.

제가 쇠락하자 이번에는 서부 내륙에 위치한 진(秦)이 강성해졌다. 진은 가장 낙후되고 미개했던 국가였으나 헌공(獻公) 때에 군사력을 정비해 위를 두 번이나 격파했다. 헌공 다음에 즉위한 효공(孝公)은 부왕의 부국강병책을 계속 추진했다. 특히, 위국 출신이었던 상앙(商鞅)을 등용한 효공은 정치·군사·경제·사회 전반에 걸친 대대적인 개혁을 추진하여 진을 한순간에 강대국으로 발돋움시켰다. 상앙은 두 차례의 개혁을 실시했다. 1차 개혁은 기원전 356년에 단행했다. 이때 연좌제와 간사밀고제를 시행하여 백성을 통제했고, 호적제를 정비하여 세수를 늘렸으며, 20등급의 군작제를 만들어 무공을 세우는 행위를 독려했으며, 중농억상정책을 시행하여 상업을 억제하고 농업을 장려했다. 2차 개혁은 4년 후인 기원전 350년에 실시되었다. 이때는 현을 설치해 중앙집권화를 추구하는 한편, 토지제도의 개혁과 부세제도를 확립하여 6국 통일의 기초를 마련했다. 두 차례

---

09   이춘식(2007), 164쪽.

의 개혁을 통해 군사강대국으로 성장한 진은 기원전 352년과 340년 위를 공격하여 이전에 상실했던 하서(河西) 지역을 회복했다. 이때부터 진은 황하를 점하여 동쪽으로 진출할 수 있는 교두보를 확보하게 되었다. 기원전 318년 효공 사후 혜왕(惠王)이 즉위하자 개혁반대파들은 상앙을 모함하여 처형했다. 그렇지만 초나라와는 달리 진의 후대 왕들이 계속해서 상앙의 개혁정책을 유지했기에 진의 국력과 군사력은 타국보다 우위에 있을 수 있었다.

한(韓)은 7개국 중 영토가 가장 작았던 국가로 산서 남부와 하남 중부 지역에 위치하고 있었다. 한의 소후(昭侯)는 기원전 355년 신불해(申不害)를 재상으로 삼아 정치개혁을 추진하여 공상필벌을 철저히 했다. 신불해가 재상으로 있던 15년 동안 한은 통치가 강화되었고 사회도 비교적 안정적이었지만, 다른 국가들처럼 국가개혁을 적극적으로 추진하지 못해 소후 사망 이후 한의 국력은 급속히 쇠퇴했다. 마지막으로 연(燕)은 지금의 중국 요동반도에 위치했으며 한과 마찬가지로 정치 개혁이 비교적 완만했다. 기원전 318년 연왕 쾌(噲)는 재상 자지(子之)에게 선양하여 연의 부흥을 꿈꿨으나 태자 평(平)이 반란을 일으켜 내전이 발생했다. 이러한 혼란을 틈타 인접국 제가 침공하여 연의 국력은 일시에 쇠락했다.[10]

이상에서 전국시대 전국칠웅을 중심으로 그들의 부국강병책을 검토해 보았다. 전국시대에 전국칠웅은 부국강병을 목표로 나름대로의 개혁 정치를 펼쳐나갔다. 개혁정치의 강도와 지속은 각국이 처한 상황에 따라 달랐고, 그 중에서 위·제·진 삼국이 가장 강력한 개혁정치를 추진했다.

---

10   中國軍事史編書組『中國歷代軍事戰略』上(北京: 解放軍出版社, 2006), 102쪽.

전국시대에 제일먼저 국정개혁을 시행한 위가 패권을 차지했으며, 다음으로 제가, 그리고 마지막으로 7국 중 가장 강력한 정치·경제·사회·군사 개혁을 추진한 진이 패권을 차지했다. 결과적으로 개혁정치를 강력하게 시행했던 국가들은 국력과 군사력이 강성해져 갔으며, 개혁정치가 완만했던 국가들은 국력이 점점 더 쇠약해져 갔다. 전국시대의 부국강병책은 각국의 명운을 좌우했던 것이다.

3. 『오자(吳子)』의 군사사상

『한비자(韓非子)』에는 전국시대의 병서 유포상황에 대해서 "지금 경내의 모두가 전쟁을 말하며, 손자와 오자의 책을 소장한 자는 집집마다 있다"라고 기술했다.[11] 근래 학자들의 병서 연구에 있어서 『손자』에 비해 『오자』의 중요성이 떨어지지만, 과거에는 『오자』는 『손자』와 병칭되며 당시를 대표하는 병서로 인식되고 있었던 것이다.[12] 이에 여기서는 『오자』의 군사사상적 특징을 재고해 보고자 한다. 단, 『오자』의 개별적인 요소에 관해 재검토하는 것은 피하고, 『오자』의 군사사상적 의의를 앞서 검토한 전국시대의 전쟁양상과의 관계라는 측면에서 분석하고자 한다. 『손자』가 중국 사상에서 처음으로 진정한 군사사상이라 칭할 수 있는 체계적인 사상을 확립하긴 했지만, 전쟁의 정당성과 부국강병책에 관한 문제 등은 이론적으로 충분하게 발전되지 않았다. 이러한 부분을 중점으로 『오자』의 군사사상적 특징들을 검토한다면, 『손자』 이후 중국의 군사사상이 어떻게 전개되어 갔는지 그 정황을 파악하는 데 도움이 될 것이다.

전국시대에 각국이 추진했던 부국강병책과 관련해서 『오자』는 어떠한 주장을 하고 있는가? 위 무후(武侯)가 오기에게 "군대를 정비하고, 인재

---

11 『韓非子』, 「五蠹篇」.
12 『오자』의 편찬과정에 대해서는 김경현 『오자/울료자』(서울: 지만지, 2008) 참조.

를 선발하며, 나라를 강성하게 하는 방법은 무엇이냐"고 물었다. 이에 오기는 다음과 같이 대답했다.

자고로 현명한 군주는 반드시 군신의 예와 상하의 법도를 세우고, 관리와 백성들이 직분에 충실하도록 하며, 풍습에 따라 가르치고, 훌륭한 인재를 가려 뽑아 유사시에 대비했습니다… 따라서 강국의 군주는 반드시 그 백성을 파악합니다. 백성 중 담력과 기백이 있는 자들을 모아 1개 부대를 편성하며, 전장으로 나아가 전력으로 그 충성과 용맹을 보여주려고 하는 자들을 모아 1개 부대를 편성하며, 높은 곳을 넘고 먼 곳을 잘 달리는 자들을 모아 1개 부대를 편성하며, 왕의 신하가 그 지위를 잃었으나 공을 세우려고 하는 자들을 모아 1개 부대를 편성하며, 성을 버리고 지키지 않았지만 그 불명예를 씻고자 하는 자들을 모아 1개 부대를 편성합니다. 이 5개 부대는 군의 정예입니다. 이들 3,000명이 있으면, 어떠한 포위망도 뚫을 수 있고, 아무리 견고한 성이라도 무너뜨릴 수 있을 것입니다.[13]

여기에서 나라와 군대를 강성하게 하는 방법을 묻는 위 무후의 질문에 오기는 군주가 군신간의 예와 법도를 명확히 하고, 각자 자신들의 직분에 충실하며, 인재를 뽑아 유사시에 대비하며, 군주가 백성의 실태를 파악한 뒤에 능력이 우수한 자를 선발하고 그 능력에 따라 5개 부대를 편성하여 3,000명의 정예병을 양성해야 한다고 주장한다. 이것은 인재 선발과 법령의 정비를 통해 내정의 안정을 기하고, 정예병을 편성하는 적재적소의 용병론을 주장한 것이라 할 수 있다.

---

13 『吳子』, 「圖國篇」.

또한『오자』는 "나라가 화합하지 않으면 군을 출정시킬 수 없습니다. 군이 화합하지 않으면 진을 칠 수 없습니다. 진영이 화합하지 않으면 나아가 싸울 수 없습니다. 전투에 화합하지 않으면 승리할 수 없습니다"[14]라고 했다. 이는 오기가 무엇보다도 전쟁에 승리하기 위해서는 나라와 군의 화합을 강조한 것이라 할 수 있다. 특이한 점은 이 화합이 나라(國) → 군(軍) → 진(陣) → 전투(戰)라는 선후관계를 보이고 있다는 점이다.[15] 이것은『오자』가 전국시대의 빈번한 전쟁을 강하게 의식하고 있으며, 그로 인해 평상시 국가와 국민의 화합을 전제로 한 여러 국내 시책의 중요성을 강조한 것이라 볼 수 있다.

둘째,『오자』의 독특한 군사사상이라 할 수 있는 것은 '무졸제'라 불리는 병사 선발사상이다. 오기는 문후와 무후 2대에 걸쳐 서하(西河) 군수로서 서하 방위의 임무를 맡아 혁혁한 전공을 세운다.[16] 오기는 어떻게 군대를 양성하여 서쪽의 강국 진(秦)을 수십 차례 싸워 이길 수 있었는가? 「도국편」에는 "문후는 오기를 대장군으로 삼아 서하를 지키도록 했다", "제후들과 크게 싸운 것이 76회로, 그 중 64회를 대승했으며, 나머지는 대등했다. 토지를 사방으로 개간하여 1,000리의 영토를 넓혔으니 모두 오기의 공이다"라고 기록되어 있다. 이 내용을 토대로 보면, 오기가 위의 중앙군을 지원받아 싸운 것이 아니라 서하에서 자체적으로 둔전제를 실시해 농민병을 선발하고 그들을 훈련시켜 정예병을 만든 것이 아닌가 추측

---

14 『吳子』,「圖國篇」.
15 湯淺邦弘(1999), 84쪽.
16 서하란 당시 진(秦)과 위(魏)의 국경을 흐르는 황하의 옛 이름이다. 이 서하 지역은 위가 진을 방어하기 위한 요충지였다.

2장 전국시대의 전쟁양상과 군사사상

된다. 이러한 추측을 가능케 하는 또 다른 근거로『순자』의「의병편」에 다음과 같은 내용이 있다. "위의 무졸은 선발된다", "시험에 합격하면 부역을 면제받고 그의 논과 밭에 혜택을 주었다. 이것은 여러 해가 지나더라도 그 권리를 빼앗지 못했다."[17] 위의 무졸은 중앙군에서 파견된 것이 아니라 현지에서 선발되었고, 선발된 이후에는 요역의 면제와 전택의 세를 감면하는 등의 특권이 주어졌던 것이다.

한편,『오자』는 병사의 선발뿐만 아니라 그 배치도 중요하게 여겼다. "일군 중에는 반드시 호랑이처럼 용맹한 병사가 있으며, 힘으로 가마솥을 들어 올리는 병사가 있으며, 발이 융마처럼 빠른 병사가 있으며, 적의 깃발을 뺏고 장수를 벨 수 있는 유능한 자가 있을 것입니다. 이들을 선별하여 아끼고 우대해줘야 합니다. 이것을 군명(軍命)이라 합니다"[18]와 같은 언급이 보인다. 또한 "전투 훈련의 방법은, 작은 사람은 창을 지니게 하며, 큰 사람은 활을 지니게 하며, 힘이 센 사람은 깃발을 들게 하며, 용감한 자는 징과 북을 잡게 하며, 허약한 자는 취사를 시키고, 머리가 좋은 사는 참모로 삼습니다"[19]라고 했다. 즉『오자』의 병사 선발사상은 단순히 선발에 그치지 않고 선발된 병사를 적재적소에 배치해야 한다는 용병사상을 주장하고 있는 것이다. 이는 병졸을 하나의 '무리'로 파악하고 이를 집단으로써 통솔하기 위한 기술을 중시했던『손자』와는 다른 사상으로,『오자』는 오히려 반대로 병졸의 역량을 개별적으로 파악하여 선발한다는 독특한 주장을 전개했다고 볼 수 있다.

17　『荀子』,「議兵篇」.
18　『吳子』,「料敵篇」.
19　『吳子』,「治兵篇」.

한편, 병력의 지휘통솔 면에서는 『손자』와 유사한 점과 다른 점이 동시에 보인다. 먼저 유사점으로 오기 또한 군대의 법령과 상벌의 중요성을 강조했다. 무후가 "용병의 방법은 무엇이 가장 으뜸인가"라고 질문하자, 오기는 "만약 법령이 명확하지 않고 상벌이 불신되면 징이 울려도 멈추지 않고, 북을 쳐도 나아가지 않습니다. 비록 100만 명이 있다 한들 무슨 쓸모가 있겠습니까"[20]라고 대답했다. 즉 오기는 『손자』와 유사하게 징과 북으로 지휘하는 군대는 법령과 상벌을 명확히 하여 지휘계통을 확립하는 것이 무엇보다도 중요하다고 생각한 것이다.

차이점으로 『오자』에는 병사를 통솔함에 있어서 유가적인 정신이 엿보인다. 이것은 『손자』에 보이지 않는 『오자』만의 독특한 사고이다. 『사기』의 「손자오기열전」에 오기가 "병사 중 가장 낮은 자와 입고 먹는 것을 같이 하고… 병사와 노고를 서로 나누어 가진다", "종기를 앓는 병졸의 고름을 오기가 직접 빨았다"라는 기록이 있다.[21] 오기의 이러한 행동을 다분히 의도적인 행위, 즉 병사들의 마음을 사로잡아 전투에 전력하기 위한 목적을 갖고 있었다고 볼 수도 있겠지만,[22] 그보다는 그의 개인적인 경력과 더 밀접한 관계가 있다고 여겨진다. 오기는 "일찍이 증자(曾子)에게 배우고 노군을 섬겼다"라고 『사기』에 기록되어 있으며, 『오자』에 "유가의 복장(儒服)을 하고… 문후를 만났다"라는 표현이 있다. 또한 『오자』의 「도국편」에 "성인은 이를 도(道)로써 편안하게 하고, 이를 의(義)로써 다스리며, 예(禮)로써 움직이고, 인(仁)으로써 어루만진다… 이에 성탕(成湯)이 걸(桀)을

---

20 『吳子』, 「治兵篇」.
21 『史記』, 「孫子吳起列傳」.
22 湯淺邦弘(1999), 95쪽.

　　　　　　　　　　　　　　　　　　2장 전국시대의 전쟁양상과 군사사상

쳐서 하나라의 백성들이 기뻐하였고, 주나라 무왕이 주(紂)를 쳐도 은나라 백성들이 그르다고 여기지 않았다"[23]라는 구절이 있다. 여기에서 오기는 '도'에 더하여 '의', '예', '인'이라고 하는 유가적 덕목을 상기시키고 있으며, 궁극적으로 유가의 '성인'을 이상형으로 제시하고 있다. 부언하면, 오기는 유가의 전통을 존중하려한 성향을 분명히 갖고 있었던 것이다.

마지막으로 전국시대에 각국이 생존을 위한 치열한 전쟁을 하는 가운데『오자』는 과연 전쟁을 어떠한 시각으로 보았는지 검토해 보도록 하겠다.『오자』에는 전쟁이 발생하는 원인에 대해서 다음과 같이 이야기 하고 있다.

> 오자가 말했다. "무릇 전쟁이 일어나는 원인은 다섯 가지가 있습니다. 첫째는 명분을 다투기 때문입니다. 둘째는 이익을 다투기 때문입니다. 셋째는 증오가 쌓였기 때문입니다. 넷째는 나라가 어지럽기 때문입니다. 다섯째는 기근이 들었기 때문입니다."[24]

여기에서『오자』는 전쟁의 원인을 '명분', '이익', '증오', '내란', '기근'으로 설명하고 있다.『손자』에는 전쟁의 심각성을 인식하면서 묘산의 결과가 이익(利)에 합치하는지 여부에 따라서 군사를 일으켜야 한다고 주장했다.[25] 이것은 매우 실리적인 이유이기는 하지만 구체적으로 전쟁의 모습을 분석한 것은 아니었다. 오기가 설명한 위의 다섯 가지 전쟁 형태를 그가 직접 경험했다고는 단언할 수 없지만, 고대 병서 중에서 전쟁의

---

23   『吳子』,「圖國篇」.
24   『吳子』,「圖國篇」.
25   『孫子』,「時計篇」.

여러 가지 형태를 폭넓게 분석하고 있다는 점에서 그 의의가 있다.

또한『오자』는 전쟁의 종류에 대해서도 다음과 같이 분석했다. "그 이름 또한 다섯 가지가 있습니다. 첫째는 의병(義兵)입니다. 둘째는 강병(强兵)입니다. 셋째는 강병(剛兵)입니다. 넷째는 폭병(暴兵)입니다. 다섯째는 역병(逆兵)입니다."[26]『오자』에서는 이처럼 전쟁의 성격을 의병, 강병(强兵), 강병(剛兵), 폭병, 역병 다섯 가지로 분류하고 있다. 이 가운데 '의병', '역병'이라는 관점은 전쟁의 정당성의 문제에 있어서 전국시대 중기부터 후기에 이르는 군사사상사에서 매우 중요한 개념이 되었다는 점에서 그 의의가 있다. '의병' 사상은 이후『맹자』,『묵자』,『사마법』,『여씨춘추』등에서 중요하게 다루어지고 있는 주제이다.

예를 들면, 맹자는 전국시대 중기에 왕도의병설(王道義兵設)을 주창하여, 바람직한 군사 행동은 덕이 있는 왕에게만 허락된 '의전(義戰)'이며, 부국강병을 목적으로 한 제후국의 군사행동은 허용되어서는 안 되는 침략행위라고 인식했다.[27] 반면,『여씨춘추』에서는 모든 투쟁을 '병(兵)'이라고 정의한 뒤에 공격적인 전쟁과 방어적인 전쟁이 무력을 행사한다는 점에서 동일하다고 주장하며, 적극적인 군사활동을 부정하려 한 '언병론(偃兵論)'과 '구수론(求守論)'을 엄격히 비판했다. 그리고 전쟁의 정당성을 인간의 본성, 역사적 필연성, 사회적 요청 등 다양한 관점에서 역설했다.[28]

결론적으로『오자』에서 전쟁의 원인과 성격에 대한 분석은 매우 초보적인 단계에 머물러 있을지 모르지만 전쟁의 모습을 종합적으로 분류하

26　『吳子』,「圖國篇」.

27　『孟子』,「盡心篇」.

28　湯淺邦弘(1999), 351쪽.

여 정리하려고 했다는 점에서 매우 인상적이다. 춘추시대에 여전히 막연하게 의식되고 있던 전쟁의 여러 가지 성격들이 여기에서는 명확히 분류되고 있는 것이다. 또한 『오자』의 의병사상은 『맹자』를 비롯한 후대의 문헌들에서 중요하게 다루어지고 있다는 점에서 그 의의가 크다.

4. 『손빈병법(孫臏兵法)』의 군사사상

손빈(孫臏)은 제(齊) 위왕(威王)의 군사(軍師)로 기원전 353년 계릉(桂陵)전투와 기원전 341년 마릉(馬陵)전투에서 강국 위(魏)를 패배시켜 제가 중원의 패권을 잡는데 크게 기여한 인물이다. 『사기』에 의하면, 손빈은 춘추시대 오왕을 섬긴 손무의 자손으로 기록되어 있지만, 그가 저술한 『손빈병법』은 송대의 '무경칠서'에 그 이름이 빠져 있어서 실존 여부는 의문으로 남아있었다. 그러나 1972년 중국 산동성 임기현 은작산에서 발견된 약 5,000매의 죽간 중에 현존 13편 『손자』와 일치하는 병서와 함께 이와는 구분되는 『손빈병법』이 발견됨으로써 그 의문은 해소되었다. 이 『손빈병법』은 전국시대 중기에 저술된 것으로 당시의 전쟁관과 군사사상이 춘추시대에 비해 어떻게 변화되었는지 검토할 수 있는 귀중한 자료이다. 여기서는 전쟁에 대한 인식을 포함해 『손빈병법』의 군사사상적 특징을 검토해 보고자 한다.

먼저 검토할 것은 『손빈병법』의 전쟁에 대한 인식이다.

① 손빈이 위왕을 알현하고 말했다. "전쟁(兵)에 승리한다면, 멸망에 처한 나라를 구하고 끊어진 왕의 계보도 이을 수가 있습니다. 그러나 전쟁에 승리하지 못한다면, 영토를 빼앗기고 사직이 위기에 처하게 됩니다. 그러므로 전쟁은 심사숙고하지 않을

수 없습니다."[29]

② 요임금은 공공(共工)을 멸망시켰으며, 순임금은 삼묘(三苗)를 변경으로 쫓아냈습니다… 주의 무왕은 은의 폭군 주왕을 멸망시켰습니다. 또한 은(殷)나라와 엄(奄)나라가 반란을 일으키자, 주공(周公)은 이들을 토벌했습니다. 그런데 인덕은 오제에 못 미치고, 능력은 삼왕보다 떨어지며, 지혜도 주공보다 훨씬 뒤지는데도 오히려 "인의 도덕을 숭상하고 예악을 사용하면 천하를 평화롭게 통치할 수 있다"고 주장하며 전쟁을 반대합니다. 이는 정말로 터무니없는 말입니다. 요임금이나 순임금과 같은 성군도 이를 원했지만 실현 불가능했습니다. 그러므로 전쟁을 일으켜 천하를 바로잡았던 것입니다.[30]

여기서 ①은 『손빈병법』의 기본적인 전쟁의 인식을 보여주는 것으로, 전쟁이 국가의 흥망과 사직에 직결되는 가장 중요한 일로 여겨지고 있다. 이러한 전쟁 인식은 전국시대의 전쟁이 춘추시대처럼 한 번의 전투로 패권을 다투거나 강화로 종결되는 비교적 소규모의 전쟁이 아니라는 것을 의미한다. 즉 『손빈병법』은 전국시대의 전쟁 그 자체의 승패가 국가의 멸망을 의미하는 대규모의 전쟁을 전제로 한 것임을 증명하고 있다.

이러한 사고는 기본적으로 『손자』의 전쟁관을 계승한 것으로 여겨진다. 『손자』의 시계편에도 "전쟁(兵)은 국가의 대사요, 사생의 땅이요, 존망의 길이니 살피지 않을 수 없다"[31]라고 나와 있다. 그러나 『손빈병법』은 단순히 『손자』의 전쟁에 관한 인식을 부연한 것에 머물지 않고 보다 적극

---

29 『孫臏兵法』,「見威王篇」.

30 『孫臏兵法』,「見威王篇」.

31 『孫子』,「始計篇」.

적인 전쟁관을 펼쳤다. ②를 보면 『손빈병법』에서는 '인의'와 '예악'만을
표방하는 반전론자들을 비판하면서 전쟁은 천하를 복종시키고 사회의 안
정을 유지하는 정당하면서도 필연적인 현상이라 역설한다. 『손자』에서도
전쟁은 불가피한 것이라고 간주하고는 있지만, 『손빈병법』에서는 역사적
관점에서 이를 검토하고 한층 더 적극적으로 이를 주장한 것이다.[32] 이러
한 점에서 『손빈병법』은 앞서 전쟁의 형태를 '의병', '역병' 등의 다섯 가
지로 구분해 의로운 전쟁과 의롭지 않은 전쟁을 구분한 전국 초기의 『오
자』와는 확연히 다른 전쟁 인식을 갖고 있다.

　『손빈병법』의 적극적인 전쟁관은 공세적 군사사상으로 이어진다.
「위문왕편(威王問篇)」에서 위의 장군 전기(田忌)가 "전투에서 가장 중요한 것은
권위, 기세, 계책, 술수라고 할 수 있겠는가"라고 묻자 손빈은 "모두 긴급
한 것은 아닙니다", "반드시 공격하여 방어하지 않는 것이 전투의 가장 중
요한 것입니다"라고 했다.[33] 이러한 『손빈병법』의 공세적 군사사상은 「십
문편(十問篇)」에 잘 설명되어 있다. 어떤 군사가가 "양쪽 군대가 대치하여
교전하려고 한다. 적의 병력은 우리보다 많고 또 강하다… 우리의 병력
이 절대 부족한 상황에서 어떻게 이들을 격파할 수 있는가"라는 질문을 했
다. 이에 손빈은 "우리의 전군을 셋으로 나누어 그 중에서 정예 병사를 선
발하여 결사대를 편성합니다. 나머지 두 부대를 양 날개로 전개하고 결사
대를 선봉으로 삼아 적의 지휘부를 향해 돌진합니다. 이것이 정면으로 전
개하고 공격해 오는 적을 붕괴시키고 적의 장수를 죽이는 방법입니다"라

32　湯淺邦弘(1999), 106쪽.

33　『孫臏兵法』, 「威王問篇」.

고 주장한다. 여기서 손빈은 심지어 수적으로 열세한 불리한 상황에서도 방어보다는 공격을 주장하고 있다. 이러한 점은 『손자』, 「모공」편에 "전쟁의 원칙은 병력이 적보다 열 배일 때는 적을 포위하고, 다섯 배일 때는 적을 공격하며, 두 배일 때는 계략을 써서 적을 분산시키며, 병력이 적과 비슷할 때는 전력을 다하여 싸우고, 병력이 적보다 적을 때에는 적과 부딪치지 말고 싸움터에서 벗어나야 한다"[34]고 한 것과는 매우 대조적이다.

또한 『손자』는 "전쟁에서 최상책은 계책으로 굴복시키는 것이며, 차선책은 외교로 굴복시키는 것이며, 최하책은 성을 공격하는 것이다"[35]라고 하면서 공성전을 하책으로 간주했다. 그러나 『손빈병법』은 「웅빈성편(雄牝城篇)」을 별도로 할애하여 공성전의 중요성을 강조하고 있다. 물론 『손빈병법』에서도 기본적으로 견고한 성은 공략을 자제하라고 권고하고는 있으나, 기본적으로 성의 지형과 성곽의 형태, 그리고 적군의 상황에 따라 성을 공격하는 방법을 제시하고 있다는 점이 특징이다. 이것은 당연히 전국시대 중기 공성무기의 발달에 따른 새로운 성곽공격전술의 대두와도 관련이 있겠지만, 기본적으로 적국을 멸망시키는 것을 목적으로 하는 전국시대 전쟁양상의 변화에 따른 전쟁관을 반영하고 있는 것이 아닌가 생각된다.

다음으로 검토할 것은 『손빈병법』에 보이는 부국강병사상이다. 부국강병책에 대한 제의 위왕과 손빈의 아래와 같은 문답이 있다.

---

34 『孫子』, 「謀攻篇」.

35 『孫子』, 「謀攻篇」.

위왕이 손빈에게 물었다. "제의 학자들이 과인에게 강병(强兵)을 실시하라고 하는데 모두 방법이 다르다. 어떤 자는 과인에게 정치를 잘해야 한다고 하고, 어떤 자는 백성에게 식량을 나누어 줘야 한다고 하고, 어떤 자는 백성을 쉬게 해야 한다고 말한다." 손빈은 "모두가 강병에 있어서 급선무가 아닙니다. 부국(富國)이 우선입니다"라고 대답했다.[36]

여기에서 제의 위왕이 손빈에게 어떻게 강력한 군대를 건설할 수 있냐고 묻고 있다. 이에 손빈은 군사력을 강화하는 관건은 나라를 부유하게 하는 데에 있다고 답변한다. 즉 강병(强兵)은 반드시 부국(富國)에 기초를 두어야 하며, 오직 나라가 부유해져야 비로소 강한 군대를 가질 수 있다고 주장하고 있는 것이다. 달리 표현하면, 강병은 부국에서 나오고 이는 국가의 경제가 군사력에 결정적인 영향을 미친다는 의미이다.[37] 이는 앞서 전국시대의 전쟁양상의 변화에 따른 전국칠웅의 부국강병책과 맥락을 같이 한다. 그러나 『손빈병법』에는 부국을 어떻게 달성할 것인지에 대한 구체적인 방법론은 없다. 이것은 손빈이 정치가보다는 주로 군사(軍師)로서의 임무를 수행한 것과 관련이 있지 않나 생각된다.

그렇다면 『손빈병법』에는 강병을 하는 방법을 어떻게 설명하고 있을까? 제일 먼저 주목할 것은 전쟁 승패에 중대한 영향을 미치는 요소에 대해 설명하고 있는 「찬졸편(纂卒篇)」이다. 여기서는 전쟁의 여러 가지 승리의 조건을 열거하면서 "전쟁의 승리는 병사를 잘 선발하는 데 있다"[38]고 하

36　『孫臏兵法』, 「强兵篇」.
37　이병호, 『손빈병법』(서울: 홍익출판사, 1996), 21~22, 143쪽.
38　『孫臏兵法』, 「纂卒篇」.

며, '제(制)', '세(勢)', '신(信)', '도(道)'보다 더 우선시 했다. 『손빈병법』에는 군대를 크게 두 가지로 나누고 있다. 하나는 '찬졸(簒卒)'이고 다른 하나는 '중졸(衆卒)'이다. 『손빈병법』에는 우수한 '찬졸역사(簒卒力士)'와 일반병졸로 구성된 '중졸(衆卒)'로 명확히 구별한다. 여기서 '찬졸'은 적진을 부수고 적의 장수를 사로잡기 위한 부대이고, '중졸'은 다른 작전 임무를 분담한 다음 함께 협력하는 부대이다. 『손빈병법』은 "현명한 군주나 병법에 통달한 장군은 오로지 많은 병력에만 의존해서 승리를 거두려 하지는 않습니다"[39] 라고 하면서 정예병의 중요성을 강조했다.

그 밖에도 『손빈병법』에는 "군대를 부리고 백성을 다루는 방법은 권형(權衡)이다. 권형이란 현명하고 능력 있는 사람을 선발하는 것이다"[40], "용맹하고 날래며 전투에 익숙한 병졸을 선발하여 적의 선봉 돌격대를 방어한다"[41]는 등의 내용이 보인다. 이것은 『오자』의 병사 선발사상과 유사하지만 차이점도 존재한다. 『오자』의 '무졸'은 앞서 언급한 것처럼 변경의 토지개발과 면세조치라는 장기적인 시책과 관련이 있는 것으로 상앙변법의 '농전체제'의 선구적인 존재로 여겨진다. 하지만 『손빈병법』의 '찬졸'은 다양화된 전쟁형태에 대응하기 위해 전투 기술과 용력이 뛰어난 자를 그때그때 후한 상으로 보증한 특별부대로 보아야 할 것이다.[42]

이상에서 전국 중기의 시대상황을 반영하는 병서로서 『손빈병법』을 택하여 그 사상적 특징을 검토했다. 『손빈병법』은 기본적으로 『손자』

---

39 『孫臏兵法』, 「威王問篇」.
40 『孫臏兵法』, 「行纂篇」.
41 『孫臏兵法』, 「官一篇」.
42 湯淺邦弘(1999), 112쪽.

의 군사사상을 계승하고 있다. 그러나 한편으로 『손빈병법』에 보이는 전쟁의 정당성에 관한 적극적 사고, 공세적 군사사상, 그리고 부국강병사상 등은 격렬해진 전국시대의 시대상황을 반영하고 있다.

5. 『은작산한간(銀雀山漢簡)』과
『마왕퇴한묘백서(馬王堆漢墓帛書)』의 군사사상

앞에서는 전국시대 주요 병서인『오자』와『손빈병법』의 군사사상을 검토
해 보았다. 전국시대의 전쟁은 전쟁이 장기화·대규모화 되면서 이미 '병
서'가 독점적으로 다뤄야 할 문제가 아니라 정치사상에서 가장 중요한 논
의의 대상이 되었다. 따라서 군사사상의 전개를 둘러싼 논의도 단지 '병
서'의 테두리 안에서 머물기보다는 관련된 여러 문헌을 통해 검토되어야
할 것이다. 여기서는 1970년대 중국에서 발견된『은작산한간』과『마왕퇴
한묘백서』를 중심으로 그 군사사상을 분석해 보고자 한다. 은작산한묘에
서 발견된 죽간과 마왕퇴한묘에서 발견된 백서는 정치·군사와 관련된 대
량의 문서가 포함되어 있어,[43] 과거 '무경칠서'의 틀을 벗어난 군사사상에
관한 여러 가지 사고를 제공해 줄 수 있다. 그러나 정치사상까지 다루는
것은 본 연구의 범위를 벗어나므로, 관련 출토문헌 중에서 본 연구의 주
제와 관련된 전국시대의 전쟁양상과 군사사상에 관련된 내용으로 한정해

---

43 산동성 임기(臨沂) 은작산한묘에서 출토된『은작산한간』가운데는 오랫동안 그 존재 자체가
    확실치 않았던『손빈병법』과 현행본으로 추정되는『손자』, 그리고『육도』,『울료자』와 유사한
    문헌이 발견되었고, 또한 지금까지 그 존재조차 알려지지 않았던 「수법(守法)」, 「왕병(王兵)」
    이라는 이름을 지닌 대량의 군사관계 문헌이 발견되었다. 또한 호남성 장사(長沙)의 마왕퇴
    한묘에서 출토된『마왕퇴한묘백서』에는 전국시대부터 진한(秦漢)에 이르는 정치와 군사의
    실태와 그에 관련된 여러 가지 사상이 풍부하게 수록되어 있다. 湯淺邦弘(1999), 5쪽.

서 검토해 나가도록 하겠다.

먼저 이들 출토문헌에는 어떠한 전쟁 인식을 담고 있는지 살펴보겠다. 『은작산한간』의 「왕병(王兵)」편[44]에서는 아래와 같이 군사력 행사를 전제로 한 전쟁관을 보여준다.

군주의 존비귀천과 나라의 존망안위의 근원으로 군대(兵)보다 중한 것이 없다. 따라서 폭란을 주벌하고 도리에 어긋난 행동을 벌함은 반드시 군대로써 하고, 간사함을 □□ 하고 기괴한 일이 퍼지는 것을 막음에는 반드시 형벌로써 한다. 그런 즉 군대란 본래 밖으로는 난을 주벌하고 안으로는 간사함을 금하기 위한 것이다. 그러므로 군대는 군주를 중하게 여기고 나라를 안정시키는 가장 중요한 요소이다.[45]

여기서는 군대를 '군주의 존비귀천과 나라의 존망안위의 근원'이고, '군주를 중하게 여기고 나라를 안정시키는 가장 중요한 요소'로 그 의의를 매우 높이 평가하고 있다. 또한 '군대란 본래 밖으로는 난을 주벌하고, 안으로는 간사한 행동을 금하기 위함이다'라고 하며, 그 효력이 안팎을 불문하고 유효한 것으로 간주한다.[46] 이것은 "군대가 칼에 피를 묻히지 않고서도 먼 곳에서 복속해 오고, 이에 덕이 성하여 온 세상에 베풀어지게

---

44   1985년 중국 문물출판사에서는 은작산한묘죽간에서 출토된 「守法」・「要言」・「庫法」・「王兵」・「市法」・「守令」・「李法」・「王法」・「委法」・「田法」・「兵令」・「上篇」・「下篇」의 총 13편을 편의상 「守法守令等十三篇」으로 명명했다. 여기서도 이러한 구분을 따르며 이하 「守法守令等十三篇」의 내용은 銀雀山漢墓竹簡整理小組編, 『銀雀山漢墓竹簡(壹)』(北京: 文物出版社, 1985)를 저본으로 한다.

45   「守法守令等十三篇」, 「王兵」.

46   湯淺邦弘(1999), 143쪽.

2장 전국시대의 전쟁양상과 군사사상

됩니다"[47]라고 하면서 왕도를 실현하는 왕이 스스로의 인덕을 베풀면 무력행사 없이도 세계를 복속시킬 수 있다고 주장하는 순자의 왕도(王道)사상과는 근본적으로 다르다.

이러한 사고는 단지 『은작산한간』의 출토문헌에만 나오는 것이 아니다. 『마왕퇴한묘백서』의 「명군(明君)」편[48]에는 다음과 같은 왕과 신하의 문답이 나온다. "임금은 어떻게 존경을 받을 수 있는가"라고 물었다. "(싸워) 이기면 존경받게 됩니다. 공격하여 땅을 취하고… 그 소임은 공격하여 싸우는 것에 있습니다. 이에 현사명군(賢士明君)은 공격하여 싸우는 것을 압니다… 그래서 전국에서 군대를 모읍니다."[49] 여기에서 왕이 저절로 존경받게 되는 상황은 구체적으로 "싸워 이기는 것", "땅을 취하는 것"에서 초래된다고 설명한다. 그러므로 그 소임이 "공격하여 싸우는 것에 있다"는 것을 숙지하고 있는 현사명군은 군사력의 강화에 노력할 것이라고 한다. 여기서 현명한 왕, 즉 '명군'이 군사력의 강화와 군사적 승리를 전제로 한다는 점은 송대에 7가지 병서를 채택하여 명명한 '무경칠서'에는 보이지 않는 독특한 사고방식이다.

다음으로 검토해 볼 것은 이들 출토문서에 포함된 부국강병사상이다. 흥미로운 점은 『은작산한간』의 「수법수령등십삼편(守法守令等十三篇)」에는 당시의 국가와 성시(城市)를 대·중·소로 구분하거나 위정자를 제·왕·패 등으로 구분하여 논하고 있다는 점이다. "대현은 100리, 중현은 70리, 소

---

47 『荀子』, 「議兵篇」.

48 이하 마왕퇴한묘에서 출토된 문헌 중 「明君」의 내용은 國家文物局古文獻研究室編, 『馬王堆漢墓帛書(壹)』(北京: 文物出版社, 1980)를 저본으로 한다.

49 「明君」.

현은 50리, 대현은 2만가, 중현은 1만 5,000가, 소현은 1만가"[50]라는 것과 "대국은 법제를 분명히 하여 인의를 바로잡는다. 중국은 방어를 통해 공을 이루고, 소국은 양성하여 평안을 이룬다"[51] 등이다. 이러한 구분은 전국시대에 국력의 분화가 진행되어 상·중·하 등으로 구분할 수 있을 만큼 현격한 차이가 나타나고 있기 때문일 것이다.[52] 그리고 이러한 사실은 전국시대 각국이 부국강병을 추구하여 소국은 중국을 목표로, 중국은 대국을 목표로 부단히 노력했음을 시사한다.

한편, 출토문헌들에는 부국에 대한 방법론들이 구체적으로 제시되어 있다. 『은작산한간』의 「왕법」편에는 아래와 같은 내용이 있다.

> 육친을 화합하게 만드는 것이다. 나라를 부유하게 만드는 것이다. 군대를 강하게 하는 것이다. 영토를 넓히는 것이다. 군주를 존중하는 것이다. 영(令)을 시행하는 것이다. 나라가 부유해지면 백성이 많아지고, 백성이 많아지면 군대가 강해지며, 군대가 강해지면 영토는 넓어지고, 영토가 넓어지면 군주가 존중받게 되고, 군주가 존중받으면 영이 행해지고, 영이 행해지면 적이 제압되고, 적이 제압되면 제후가 복종하며, 제후가 복종하면 [위엄이] 서고, 위엄이 서면 곧 왕자의 뛰어난 다스림인 것이다. 명심하지 않으면 안 된다.[53]

---

50 「守法守令等十三篇」, 「庫法」.

51 「守法守令等十三篇」, 「要言」.

52 湯淺邦弘(1999), 176쪽.

53 「守法守令等十三篇」, 「王法」.

여기에서는 왕이 어떻게 통치할 것인지에 대해 설명한다. 우선 내부의 화합을 도모하여 나라를 부유하게 하고 이어서 군대를 강하게 하고, 영을 시행하고, 적국을 제압하여 영토를 넓히라고 권하고 있다. '부국', '강병', '행령'이라는 표현은 사실 법가사상을 연상케 하는 관점이 존재한다. 유사한 내용으로 「왕병」편에는 "인재를 등용하면 천하가 그를 공경하고, 군대를 모으면 반드시 승리하고, 때를 기다리면 큰 공을 이루고, 무력을 취하면 악을 제거하고 천하를 이롭게 하게 된다"라고 하면서, '인재 등용', '군사력 증강'의 중요성을 언급하고 있다. 또한 "군에 장군이 없으면 빨리 알아차리지 못한다. 민간에 관리가 없으면 축적은 없다. 관부에 우두머리가 없으면 무기는 조악해진다. 조정이 올바르지 않으면 백성들의 행복은 없다"[54]라고 하면서 '장군', '관료', '조정'이 자국의 실태를 파악하고 종합적인 실력 강화에 힘쓰라고 강조하고 있다.

사실 부국강병사상은 전쟁에서 어떻게 싸워 이기고, 또한 그것을 위해 병사들을 어떻게 통솔할 것인가의 현실적인 문제와 연결된다. 그렇다면 전란의 세상을 도모한다는 측면에서 출토문헌들에는 어떠한 전략적 사고들이 존재하고 있는가?

① 원한을 가지고 행동해서는 안 된다. 승리가 보일 때 군사를 일으키고 승리가 보이지 않을 때에는 중지한다. 그러므로 반드시 계획이 우선 세워진 연후에 병사를 일으켜야 한다. 계획이 정해지지 않았음에도 병사를 일으키면 자멸한다… 적국의 통치를 잘 알지 못하면 쳐서는 안 되고, 적국의 축적을 알지 못한다면 승리를 기약할

---

54 「守法守令等十三篇」, 「王兵」.

수 없으며, 적국의 군대를 잘 알지 못한다면 먼저 진을 쳐서는 안 된다.[55]

② 군대를 3회 훈련하는 데 드는 비용은 1회 출정하는 경비에 해당하고, 3회 출정하는
경비는 적국과 한번 전쟁하는 경비에 해당한다. 따라서 한 번 군대를 일으키는 경
비는 10년 동안 축적한 경비를 쓰는 것이고, 한 번의 전쟁에 사용되는 경비는 몇 세
대 동안 축적한 공력을 다 소모하는 것이다.[56]

③ 무릇 병사들은 뜻이 하나로 뭉치면 이기고, 흩어지면 패한다… 병사들은 장군이 있
으면 싸우고, 장군이 없으면 도망간다… 병사들이 장군을 적보다 두려워하면 전쟁
에서 이기고, 병사들이 적을 장군보다 두려워하면 전쟁에서 패한다. 싸우지 않고
서도 승패를 미리 알려면, 아군의 장군과 적에 대한 경중을 계산해 보면 된다. 적과
장군은 저울과 같다.[57]

④ 장군과 병사들은 부자의 친함이나 피를 나눈 무리이거나 육친의 정이 있는 관계가
아니다… 형벌을 엄하게 하고, 상을 명확히 하고, 공벌의 득을 완벽히 하고, 부월을
나란히 하고, 군기를 장식하며, 공을 세우면 반드시 상을 주고, 명령을 어기면 반드
시 처형한다.[58]

여기서 ①은 전략의 기본적인 인식을 보여주고 있다. 개인적 원한을
가지고 전쟁을 일으켜서는 안 되며, 반드시 승리의 확신이 선 연후 계획
을 세워 전쟁을 해야 한다고 설명하고 있다. 이는 『손자』의 「시계편」에서
도 주장한 '계획(計)'의 중요성을 강조하고 있는 것이다. 전쟁은 위정자의

---

55 「守法守令等十三篇」,「王兵」.
56 「守法守令等十三篇」,「王兵」.
57 「守法守令等十三篇」,「兵令」.
58 「守法守令等十三篇」,「斤令」.

개인적 감정에 의해서 좌우되는 것이 아니라 피아의 군사력을 냉정하게 비교 평가하고, 구체적인 전략을 세워야지만 비로소 일으킬 수 있다는 것이다. 또한 적국의 '통치', '경제', '군대' 등에 대한 정보들을 확실히 장악하지 못한다면 섣불리 전쟁을 일으켜서는 안 된다며 정보력의 중요성도 언급하고 있다.

②에서는 "한 번 군대를 일으키는 경비는 10년 동안 축적한 경비를 쓰는 것이고, 한 번의 전쟁에 사용되는 경비는 몇 세대 동안 축적한 공력을 다 소모하는 것이다"라며, 군사 행동에는 막대한 비용이 들어가기 때문에 경솔하게 전쟁을 일으켜서는 안 된다고 경계하고 있다. 물론 이러한 관점은 『손자』에도 존재한다. 『손자』의 「작전편」에는 "전차 1,000승, 병력 10만과 군량을 1,000리에 걸쳐 수송해야 하며, 내외의 경비, 빈객의 비용, 전쟁물자, 전차와 갑옷의 보급하는데 매일 1,000금이 필요하다. 이를 감당할 수 있어야 10만의 군대를 일으킬 수 있다"(「作戰篇」)라고 주장하고 있다.[59] 심각한 전쟁 인식이라는 측면에서는 두 병서 모두 궤를 같이하고 있지만, 전쟁의 규모와 기간 면에서 춘추시대보다 전국시대의 전쟁이 훨씬 더 국가의 흥망을 좌우하는 중차대한 사건임을 반영하고 있다.

③과 ④는 병사들의 통솔에 관해 다루고 있는 내용들이다. 『손자』의 「시계편」에서 전쟁 전에 양측 장군의 역량에 관해 객관적으로 비교가 필요하다고 주장했다. 그런데 ③에서는 병사들의 통솔 관점에서, 병사들이 자국의 장군과 적군을 비교하여 "병사들이 장군을 적보다 무서워하면 전쟁에서 이기고, 병사들이 적을 장군보다 두려워하면 전쟁에서 패한다"라

---

59 『孫子』,『作戰篇』.

고 하면서 자국의 장군과 적군을 비교한다는 점에 그 특색이 있다. 또한 ④에서는 장군과 병사들 사이에는 육친의 정이라고 하는 친밀한 관계가 없으므로 형벌을 엄하게 하고, 명확히 하여 장군이 병사들을 통솔할 것을 주장하고 있다. 이러한 주장은 장군 스스로 솔선하여 병졸과 친하고 그 신뢰관계에 기초하여 군대를 통제하라는 『오자』의 생각과는 다르다.[60] 병사들을 상벌로 엄격히 통제하려고 하는 점은 유가적이기 보다는 법가적이다.

이상에서 『은작산한간』과 『마왕퇴한묘백서』를 중심으로 전국시대의 시대상황과 연관하여 그 군사사상적 의의를 검토해 보았다. 고대 출토문헌의 「왕병」·「명군」편에서는 군사력의 사용을 긍정적으로 보고 있으며, 이상적인 왕의 모습은 인덕에 의해 세계를 복종시킬 수 있다는 유가적 왕자(王者)가 아니라 무력행사를 전제로 한 패자(霸者)이다. 또한 부국강병사상은 전쟁에서 어떻게 싸워 이기고, 또한 그것을 위해 병사들을 어떻게 통솔할 것인가의 현실적인 문제와 연결되었다. 그래서 「왕병」·「병령」편에서는 국가의 흥망을 결정짓는 전쟁에 신중한 사고가 필요하다고 지적하고 있으며, 군사력의 사용에 있어서 지휘통솔의 중요성을 강조하고 있다. 결론적으로 이 출토문헌들은 전국시대 제국의 분열과 전투 상황을 배경으로 매우 현실적인 군사사상을 주장하고 있으며, 나아가 국가의 기본적인 통치원리라는 시각에서 군사적 승리 문제를 뛰어 넘어 전쟁 준비와 승리한 이후의 세계를 어떻게 다스릴 것인가 하는 문제들까지 고려되고 있었다.

---

60 『吳子』,「將軍篇」.

진제국의 통일전략과 군사사상

1. 진의 군대와 군사제도

주지하듯이 춘추시대의 전쟁 목적이 전리품 획득과 상대국의 복속 등에 있었다면, 전국시대에는 영토와 부, 그리고 노동력 획득을 목적으로 한 타국 겸병이 목적이었다. 이 같은 격렬한 전쟁은 전쟁에만 종사하는 직업적 무장의 출현과 전술·전략, 그리고 전쟁이론 등을 연구하는 병법의 발달을 가져왔다. 전국시대에 출현한『오자』,『울료자』,『손빈병법』,『사마법』등의 병서는 당시에 전쟁의 이론과 작전에 관한 깊은 연구와 발전이 있었음을 알려준다.

　당시 중국의 서쪽 변방에 있던 진나라도 예외는 아니었다. 하지만 오늘날 진의 군대에 대해 알고 있는 내용 대부분은 함양 부근에 있는 진시황제의 무덤에서 나온 병마용(兵馬俑)에 근거한 것이다. 이 병마용은 궁성의 근위병을 모형으로 만든 것으로 진의 군사력의 실체를 파악하는 데는 한계가 있다. 만일 진나라 군대가 기록에 나오는 것처럼 대규모였다면, 그 대부분은 병마용 정예부대처럼 호사스럽게 장비를 갖추지는 못했을 것이다. 또한, 병마용에는 방패가 없는데 이는 병마용의 병기를 매장 직후에 반군이 탈취해 갔기 때문일 것이다. 호위 임무를 수행할 때는 방패를 휴대하지 않을 수 있지만, 전투시에 방패 없이 적의 석궁에 맞섰을 것이라고 보기는 어렵다.[01]

01　병마용의 매장형태를 통해 진의 군대의 조직을 짐작해 볼 수는 있다. 병마용의 1호 갱에서는

서쪽 변방에 자리잡은 진은 애초부터 군사 강국은 아니었지만, 일약 군사 강대국으로 성장하여 불과 10년 만에 전국을 통일했다. 진은 어떻게 그러한 강력한 군사력을 단시간 내에 갖출 수 있었는가? 우선 진의 군사제도의 특징을 검토함으로써 6국 병합을 이루어냈던 진군의 실상에 접근해 보고자 한다.

가장 먼저 주목해야 할 것은 고도로 중앙집권화 된 진의 정치체제와 그에 상응한 군사제도이다. 진의 정부 조직을 살펴보면, 중앙의 최고 관직으로 승상(丞相), 국위(國尉),[02] 어사대부(御史大夫)를 두었다. 승상은 진왕을 보좌하여 국정 업무를 총괄하는 관직이었고, 국위는 군을 총괄하는 관직이었으며, 어사대부는 백관을 감찰하고 탄핵하는 관직이었다.[03] 평시 군의 최고위 장관인 국위는 진왕의 명령에 따라 전국의 군정을 책임지고 군대를 통제했지만, 유사시에 군대를 동원하거나 병권을 발동할 수는 없었다. 유사시에는 왕이 직접 지휘관을 다시 임명하여 병력을 통솔하도록 했으며, 전쟁이 끝나면 병권을 회수했다.[04] 이러한 제도는 평시와는 상이한 전시 체제 하에서 전쟁 경험이 많은 군사 전문가를 지휘관으로 임명해 전장에서 부대를 지휘하도록 했다는 점에서 진의 실용적인 면을 확인할 수 있다.

약 6,000명의 보병 병사용이 나왔다. 이들은 대부분 갑옷을 입고 밀집대형을 이루고 있다. 대열의 선두에는 약 200명의 척후병들이 배치되어 있는데, 이들은 석궁수로 보인다. 그 밖의 부대유형으로는 네 마리 말이 끌고 세 명이 타는 전차 64대로 이루어진 부대, 여덟 명의 기병과 264명의 장갑보병에 19대의 전차로 이루어진 부대, 여섯 대의 전차와 108명의 기병으로 이루어진 분견대 등이 있다. 크리스 피어스, 황보종우 역(2005), 72~73쪽.

02 국위는 진 제국 통일 이전 군 최고 장관의 명칭이고, 통일 이후에는 그 명칭이 태위(太尉)로 바뀌었다.

03 中國軍事史編書組, 『中國歷代軍事制度』(北京: 解放軍出版社, 2006), 80쪽.

04 高銳 외(2020), 212 213쪽.

진의 군대는 왕의 호위부대, 수도방위부대, 변방수비대와 군현의 지방부대로 구성되었다.[05] 왕의 호위부대는 낭중(郎中)이 통솔하여 황제의 신변을 보호하는 부대와, 위위(衛尉)가 통솔하여 궁중을 수비하는 부대 두 부류로 이루어졌다. 수도방위부대는 중위(中尉)가 통솔했는데, 경성 내외의 중요 지점에 주둔하면서 수도의 치안을 유지했으며, 유사시에는 전략기동부대로서의 역할을 수행했다. 변방 수비는 여러 명의 도위(都尉)를 두어 담당케 했고, 이 부대들은 변방의 수비를 책임짐과 동시에 변방 성곽의 방어공사도 담당했다. 군현(郡縣)의 지방부대는 각각 군위와 현위를 두어 통솔하게 했고, 지방의 치안, 군사훈련 등의 임무를 수행했다. 특히 이 지방군은 전시에 동원되어 진군의 주력부대의 역할을 수행했는데, 이것은 진의 왕실이 지방의 행정과 군을 철저히 통제하고 있었다는 것을 보여준다.

　　다음은 전시 진군의 지휘와 편제이다. 진의 지방군은 평시 각 군현에 분산되어 주둔하고 있었고, 군위와 현위의 통제 하에 지방의 치안과 군사훈련을 수행했다. 일단 전쟁이 발생하면, 중앙의 명령에 따라 군현의 지방군은 퇴역한 병사들을 다시 징집하여 지정된 장소로 이동했다. 이때 진왕은 군의 총사령관을 임명하여 출정시켰다. 그 예하 부대는 대체로 원래부대의 군위와 현위가 지휘를 맡았다.[06] 각지에서 온 부대들이 집결된 이후에는 작전상의 편의를 위해 전 부대를 부곡제(部曲制) 체제로 재편했다. 부곡제는 왕이 임명한 총사령관 예하에 몇 명의 장군을 두었고, 그들로

05　　中國軍事史編書組(2006), 『中國歷代軍事制度』, 81쪽.
06　　같은 책, 83쪽.

하여금 각각 몇 개의 부(部)를 통솔케 했으며, 부는 다시 몇 개의 곡(曲)으로 편성되었다.[07] 최하위 조직으로부터 최상위조직으로 살펴보면, 5명은 오장(伍長)이, 50명은 둔장(屯長)이, 100명은 백장(百將)이, 500명은 오백주(五百主)가, 1,000명은 이오백주(二五百主)가 통솔하였으며, 5,000명을 곡(曲)으로 편성하여 군후(軍候)가 지휘했다. 곡의 상급 부대인 부는 대체로 5개의 곡으로 편성되어 교위가 지휘했다. 각급 지휘관들은 대략 예하부대의 10분의 1을 자신의 직속부대로 삼았다. 예를 들면, 오백주는 50명, 이오백주는 100명, 교위는 1,000여 명이었다. 이러한 전시 진의 군대 편성은 왕이 총지휘관을 임명하여 중앙 집권을 실현하면서도 기존의 군위와 현위를 활용하여 최대한 효율적으로 전투력을 창출하려 했던 것으로 여겨진다.

한편, 진군의 무기와 장비는 국가에서 공급하였고, 진은 병기 창고를 설치하여 무기·장비를 매우 엄격하게 통제·보관했다. 『수호지진묘죽간(睡虎地秦墓竹簡)』[08]의 진율(秦律)에는 무기와 군마 등에 관한 다음과 같은 관리 규정이 보인다.

① 관청 소유 무기에는 응당 그 관청의 명칭을 새겨놓고 새겨 넣을 수 없는 경우에는 단(丹) 혹은 칠(漆)로 써 넣는다. 백성이 관청으로부터 무기를 빌려 사용할 경우, 반

---

07 같은 책, 83~84쪽.

08 1975년 중국 호북성 운몽현 수호지에서 전국시대 말부터 진대에 이르는 12개의 무덤이 발굴되었다. 제 10호분에는 무덤 주인의 곁에 청동기, 칠기, 도기 등 70여 점 외에 1천여 개에 달하는 대량의 죽간이 부장되어 있었다. 중국 정부에서는 이 자료를 정리해 한권의 책으로 발간하였는데 그것이 睡虎地秦墓竹簡整理小組編, 『睡虎地秦墓竹簡』(北京: 文物出版社, 1990)이다. 국내에서도 이책이 번역되었다(윤재석 역주, 『수호지진묘죽간역주』(서울: 소명출판, 2010)). 이하『睡虎地秦墓竹簡』으로 약칭.

드시 무기에 있는 표식을 장부에 등록해야 하고 표식에 근거하여 회수한다.[09]

② 군졸에게 지급된 무기의 품질이 좋지 않을 경우 현승 및 무기창고의 색부와 리에게 2갑의 벌금을 부과하고 면직하여 영구히 임용하지 않는다.[10]

③ 맥마(驀馬)는 키가 응당 5척 8촌 이상이 되어야 하는데, 만일 맥마를 제대로 부릴 수 없고 달리거나 굴레를 맬 때 명령에 따르지 않는다면, 현의 사마(司馬)에게 2갑, 현령과 현승에게 각기 1갑의 벌금을 부과한다.[11]

④ 맥마가 군에 도착한 후 검사를 진행하여 최하등일 경우 현령과 현승에게 2갑의 벌금을 부과하고 사마에게는 벌금 2갑과 영구 면직의 처분을 내린다.[12]

①과 ②는 무기의 관리 규정이며, ③과 ④는 군마의 관리 규정이다. 무기는 관에서 보관했으며, 군졸에 지급된 무기의 상태가 좋지 않으면 현승과 그 창고의 관리자 또한 처벌의 대상이 되었다. 전투에 중요한 군마 또한 엄격히 관리했으며, 군마의 관리가 잘못되었을 경우는 그 담당자는 물론이거니와 현승·현령까지 벌금이 부과되었다. 이와 같이 진군은 평시 각종 무기와 군마를 철저히 관리했으며, 이를 따르지 않거나 무기관리에 부정이 있으면 벌금을 부과하는 등 엄중히 그 죄를 추궁했다.

전쟁이 장기화되고 그 규모도 커지면서 일반 백성의 대규모 동원은 필연적인 것이었다. 대규모 동원을 잘 처리하기 위해 진에서 가장 중점을 두었던 것은 엄격한 호적제도였다. 진에서는 전국적으로 남녀를 불문

---

09 『睡虎地秦墓竹簡』, 「秦律十八種·工律」, 44쪽.

10 『睡虎地秦墓竹簡』, 「秦律雜抄」, 82쪽.

11 『睡虎地秦墓竹簡』, 「秦律雜抄」, 81쪽.

12 『睡虎地秦墓竹簡』, 「秦律雜抄」, 81쪽.

하고 모두 관부의 호적부에 이름과 출생을 기록했고, 사망하면 삭제했다. 이와 같은 엄격한 호적제도를 기반으로 진은 전국적인 징병제를 실시했고, 일정 연령에 도달한 진의 장정은 정해진 기간을 복역해야 했다. 과거에는 징집연령이 20세에서 23세로 알려져 왔었으나, 『수호지진묘죽간』에서 출토된 '진율'의 내용으로부터 17세부터 징집 대상이 되었다는 것이 밝혀졌다.[13] 많은 병력을 동원하기 위해 징집연령이 낮아진 것으로 추측된다. 당시 진에서는 병역과 노역이 구분되지 않았고 모두 요역(徭役)으로 통칭했으며, 작(爵)이 있는 경우에는 56세에, 작이 없는 경우에는 60세에 요역이 면제되었다. 이처럼 비교적 늦은 연령까지 요역을 한 것을 보면, 대규모 전쟁을 빈번히 수행했던 진에서는 인구에 비해 전쟁 동원 병력이 부족했을 것으로 추정된다.

이에 따라 진은 군역에 관해 아래와 같은 세부적인 항목을 두어 병역제도를 엄격히 통제했다.

- 현에서는 군역을 피하기 위하여 졸(卒)을 은닉하여 제자로 만드는 행위를 용납해서는 안 된다. 이를 위반했을 경우에는 현위에게 2갑의 벌금을 부과하고 면직시키며, 현령에게는 2갑의 벌금을 부과한다.[14]
- 조정을 위하여 요역 징발 업무를 수행함에, 지체하여 징발 업무를 수행하지 못하였을 경우 2갑의 벌금형에 처한다. 징발 업무를 정해진 기일보다 사흘에서 닷새 늦게 수행했다면 견책하고, 엿새에서 열흘 늦었다면 1순, 열흘을 초과했다면 1갑의 벌금

13　中國軍事史編書組(2006), 『中國歷代軍事制度』, 84쪽.

14　『睡虎地秦墓竹簡』, 「秦律雜抄」, 81쪽.

형에 처한다. 징발된 사람의 숫자가 충족되었다면, 이들을 신속하게 요역 장소로 보내야 한다.[15]

• 공적을 산출하는 기초인 근무 연수를 마음대로 늘렸을 경우 1갑의 벌금을 부과하고, 아울러 근무 기간의 공적을 취소한다.[16]

진율은 "군역을 피하기 위해 졸을 은닉"하는 경우 이를 감독하지 못한 책임을 물어 현위에게 2갑의 벌금 부과와 함께 면직시켰으며, 현령 또한 2갑의 벌금을 부과하는 등 매우 엄하게 처벌했다. 또 지체하여 징발에 응하지 않거나 기한이 늦는 것을 엄격히 금지하고, 위반한 경우 벌금을 부과하여 준수시키려 했다. 그리고 공적을 산출하는 근거로 사용된 복무기간에 대한 부정행위는 벌금을 부과함과 동시에 근무기간을 취소시켜 재복무케 함으로써 요역을 엄격히 관리했다.

한편, 「봉진식(封診式)」에는 요역을 하기 싫어 도망쳤다가 엄한 처벌이 두려워 자수한 사례가 다음과 같이 기재되어 있다.[17] "남자 갑이 스스로 와서 공술하기를 '본인은 사오(士伍)로서, 어느 리에 거주하는데, 올해 2월 날짜를 모르는 날 도망하였고, 그 외의 죄를 범한 적은 없는데 지금 자수하러 왔습니다'라고 했다. 자수한 자는 고향의 리전(里典)인에게 심문을 거치니, 그의 성명과 신분은 확실하고, 2월 병자일(丙子日)에 놀다가 도망하여, 3월에 궁실 축조 노역 20일을 도피했다… 갑을 리전(里典)인 을에게 보내어 서로 검증하도록 하였고, 지금 을에게 명하여 갑을 압송하여 논죄하

---

15 『睡虎地秦墓竹簡』,「秦律十八種·徭律」, 47쪽.
16 『睡虎地秦墓竹簡』,「秦律雜抄」, 83쪽.
17 『睡虎地秦墓竹簡』,「封診式」, 163쪽.

도록 하였음을 보고합니다." 이러한 진율의 규정을 통한 병역의 엄격한
집행은 진이 대량의 병력을 동원하고 군을 유지하는데 매우 중요한 역할
을 했다고 여겨진다.

2. 진의 통일전략

전국 전기 위가 중원의 패권을 점하고 있을 시기에 전쟁의 목적은 대국이 소국을 겸병하는 것이었다. 그러나 시간이 흘러 소국이 점점 사라져 감에 따라 대국과 대국 간의 영토가 직접 국경을 마주하게 되었고, 전국 중기 이후로는 대국 상호 간의 겸병전쟁의 국면에 들어서게 된다. 일찍이 『손자』에서는 "전쟁의 상책은 계략으로 적을 굴복시키는 것이며, 차선책은 외교로 적을 굴복시키는 것이며, 그 다음은 무력으로 적을 굴복시키는 것이며, 하책은 적의 성을 공략하는 것이다"[18] 라고 했다. 실제 전국시대에는 전국칠웅이 차례로 강성하여 외교술과 권모술수를 구사하면서 상호 대립과 항쟁을 계속해 왔었고, 진도 예외는 아니었다. 아니 오히려 진은 기타 국가보다 더욱 교묘한 외교전략과 권모술수를 통해 무력 통일을 뒷받침했다는 것이 더 적절한 표현일 것이다.

진은 강력한 군사력을 앞세워 차례차례 6국을 병합했지만, 그에 앞서 고도의 외교전략을 구사했다. 진의 외교전략 중에서 주목할 것은 합종에 반대되는 연횡전략이다. 진은 상앙의 변법을 통해 일약 군사강국으로 성장하였지만, 그렇다고 진 단독으로 나머지 6개국을 상대해 이길 정도의 국력과 군사력은 구비하지 못했다. 특히 진이 두려워했던 것은 다른 6국

---

18 『孫子』,「謀攻篇」.

이 연합해 진에 대항하는 것이었다.

6국의 합종을 추진했던 소진(蘇秦)은 조왕을 만나서 6국이 연합해 진과 맞서야 한다고 주장했다. 그는 "천하의 형세를 보면, 제후들의 땅은 진의 다섯 배이고, 제후들의 병력은 진보다 열배라고 할 수 있습니다. 6국이 힘을 합쳐 서쪽으로 진을 공격한다면, 진은 반드시 패할 것입니다"[19]라고 주장했다. 소진이 6국 합종으로 진을 대항하는 방안은 다음과 같다. 만약 진이 남하하여 초를 공격한다면, 즉시 제와 위 양국이 정예병을 거느리고 초를 구원하러 가고, 한군은 진의 병참선을 절단하며, 조군은 남하하여 후방에서 지원하고, 연군은 상산(常山, 지금의 항산) 이북을 지켜 진군의 연·조 기습을 방어한다. 만약 진군이 동쪽으로 한·위를 공격하면, 즉시 초군은 퇴로를 차단하고, 제·조 양군이 동쪽과 북쪽 양방향에서 구원하며, 연군은 운중(雲中, 지금의 내몽골 포두)을 지켜 진군의 연·조 기습을 방어한다.[20]

만약 소진이 주장한대로 된다면, 진은 6국 병합은 말할 것도 없고 어느 한 국가도 공격해 승리를 장담할 수 없게 될 상황이었다. 기원전 318년, 합종을 추진한 소진의 주장대로 위·조·한·초·연 5개국이 연합해 진을 공격했다. 하지만 실제 출병한 국가는 위·조·한 3국으로 국한되었고, 이들은 진을 공격하다 오히려 함곡관(函谷關)에서 진군에게 대패당했다. 그러나 이러한 합종상황은 진에게 굉장한 위협감을 느끼게 했음이 틀림없다. 특히, 진이 가장 우려했던 것은 당시 두 강대국인 제와 초가 연합하여 진을 공격하는 사태였다. 당시 제는 동쪽에, 초는 남쪽에 위치하고 있

---

19 『史記』, 「蘇秦列傳」.

20 『史記』, 「蘇秦列傳」.

　　　　　　　　　　　　　　3장 진제국의 통일전략과 군사사상

었지만, 두 국가는 동맹을 맺은 밀접한 관계에 있었다.[21] 다행히 이번에는 제와 초가 공격에 가담하지 않았지만, 그대로 놔둔다면 그럴 가능성은 언제든지 있었다.

이에 진왕은 재상 장의(張儀)를 초에 사신으로 보내 제와 초 두 국가의 이간질을 시도한다. 장의는 진왕이 초왕을 존경하고 있으며, 초가 제와의 국교를 단절한다면 이전에 초의 영토였던 상우(商于, 지금의 섬서성 상현(商縣과 하남의 서협(西峽) 일대)의 600리 땅을 초에게 반환하겠다고 약속한다. 초에서는 신하들의 의견이 분분했으나, 결국 초왕은 제와 국교를 단절하기로 결정했다. 하지만 진은 약속한 땅을 초에게 돌려주지 않았다. 이에 격분한 초왕은 기원전 312년 진을 공격했지만 오히려 진군에게 대패하고 만다.[22] 초왕은 재차 전국의 병력을 동원해 진을 공격했지만, 역시 패하고 만다. 이때 설상가상으로 한·위 양국은 초가 대패한 틈을 타 연합하여 초를 공격해 초의 일부 땅을 빼앗았다. 배신한 초의 행태를 매우 못마땅하게 생각했던 제는 진·초 양국의 전쟁에 관여하지 않았고, 오히려 진과의 관계를 우호적으로 발전시켜 나갔다. 결국 상대에게 이익을 보여주어 회유를 통한 진의 연횡전략이 성공한 것이었다. 진은 이후 통일 때까지 지속적으로 회유뿐만 아니라 강압을 통한 연횡전략을 구사하면서 기타 국가의 합종을 방해했다.[23] 진이 강력한 군사력을 기반으로 천하를 병합한 이면에는 이러한 교묘한 외교전략이 뒷받침되고 있었던 것이다.

한편, 진은 통일과정에서 '원교근공'전략을 사용했다. 기원전 270년

---

21 『戰國策』,「秦策二」.

22 『史記』,「楚世家」.

23 中國軍事史編書組(2006), 『中國歷代軍事戰略』, 177~178쪽.

진 소왕(昭王)의 외삼촌인 위염(魏冉)이 한·위를 경유하여 제의 강(剛, 지금의 산동 영양(寧陽) 동북)과 수(壽, 지금의 산동 동평(東平) 서남)를 공격하려 했다. 이에 진의 책사로 있던 범휴(範睢)는 진 소왕에게 "위염이 출병하여 제의 강·수를 공격하는 것은 잘못된 것입니다. 중간에 한·위 양국이 있어 공격하여 점령한다 하더라도 지키기 어렵습니다"라고 간언했다. 범휴는 다음과 같이 인식했다. 중원의 한·위 두 나라는 천하의 중심으로, 천하를 겸병하려면 마땅히 무력을 사용해 한·위를 종속시키고, 다시 진격하여 초·조를 굴복시켜야 한다. 만약 초가 강하다면 먼저 무력으로 조를 위협해 조를 복속시키고, 다시 초를 압박해 복속시킨다. 만약 조가 강하다면 먼저 초를 위협해 굴복시킨 연후에 조국을 복속시킨다. 초·조가 진에 복속하면 제는 반드시 두려워 복속해 올 것이다. 그 때에는 일거에 한·위를 병탄할 수 있을 것이다.[24] 범휴가 주장한 것은 이른바 '원교근공'전략이었다. 그 목적은 한· 위를 병탄하기 위해 멀리 있는 제와 외교 관계를 맺어 중립화시켜놓고 이후 유리한 상황이 조성되면 한·위를 무력으로 정벌한다는 것이다.

전국을 통일한 후 진시황제로 불린 진왕 정(政)은 범휴가 제시했었던 '원교근공책'을 그대로 이어받아 기원전 230년부터 한을 시작으로 10년 만에 6국을 차례차례 병합해 나간다. 전국 후기 6국의 사정을 보면, 한· 위·연은 이미 국력이 고갈되어 진에 대항할 수 없게 되었고, 초는 영토는 넓었으나 아직 국력을 회복하지 못하고 있었으며, 조는 장평(長平)전투(기원전 261년) 패배 이후 국력이 크게 기울어져 있었다.[25] 다만 동쪽의 제가 강국

---

24 『史記』, 「範睢列傳」.
25 高銳 外(2000), 180쪽.

3장 진제국의 통일전략과 군사사상

으로 남아 있었다. 하지만 진은 제와 친선 관계를 맺어서 진의 군사행동에 제가 개입하지 못하도록 이미 국면을 조성했다.

이사(李斯)는 기원전 237년 진왕 정에게 먼저 한나라를 취하여 타국을 두렵게 만들자고 건의했고, 이에 진왕은 제일 먼저 국경을 접하고 있던 한나라를 공격해 멸망시켰다(기원전 230). 2년 후 진은 위나라를 잠시 보류한 채로 동북쪽의 조나라를 공략했다. 그러나 조나라의 이목(李牧)과 사마상(司馬尙)이 진군을 격퇴시켜 쉽사리 점령하지 못했다. 이에 진나라는 반간계를 사용해 이목과 사마상이 진과 함께 반란을 꽤하고 있다고 무고케 하여 피살되게 만들었다. 이목이 죽자 진의 왕전(王翦)이 조의 수도 한단을 공격하여 바로 조나라를 멸망시켰다(기원전 228). 왕전은 계속해서 연나라를 공격했으나 저항이 거세어 바로 멸망시키지는 못했다. 이 때 진왕 정은 왕전의 아들 왕분(王賁)을 시켜 초나라를 공격케 하였고, 왕분은 초나라의 십여 성을 함락시켰다. 초나라가 수세에 처하자 진왕 정은 왕분(王賁)을 초에서 회군시킴과 동시에 위나라를 공격케 했다. 왕분은 위나라의 수도 대량(大梁)에 황하의 강물을 끌어들여 성을 파괴하고 위나라를 멸망시켰다(기원전 225). 이로써 원래 진(晉)에서 갈라져 나와 삼국을 형성했던 한·조·위가 차례로 멸망했다.

위나라를 멸망시킨 진왕 정은 초나라를 멸하기 위해 얼마의 군대를 파병해야 하는지 고민에 빠졌다. 왕분은 초나라의 국력이 쇠약해졌으나 여전히 강국으로 60만 대군이 필요하다고 했다. 반면, 청년 장군 이신(李信)은 20만 대군이면 능히 초나라를 멸망시킬 수 있다고 자신했다.[26] 이에

---

26   中國軍事史編書組(2006), 『中國歷代軍事戰略』 上, 165쪽.

진왕 정은 이신과 몽염(蒙恬)에게 20만 대군을 주어 초나라를 공격케 했다. 하지만 진군은 초군과의 전투에서 대패했다. 이에 진왕 정은 기원전 224년 왕전에게 60만 대군으로 다시 초나라를 공격케 했다. 초나라도 결사적으로 맞서 싸웠으나 역부족으로 그 이듬해에 진군에 멸망당했다(기원전 223). 진왕 정은 그 다음해에 계속해서 왕분을 시켜 연나라를 공략케 했다. 왕분은 요동에 있는 연나라를 공격해 연왕을 사로잡고 연나라를 멸했다(기원전 222). 마지막 남은 것은 제나라뿐이었다. 진나라는 5개 국을 멸망시킨 후 바로 제나라와의 국교를 단절했다. 이에 제나라는 병력을 총동원하여 진나라와 국경을 마주한 서쪽의 수비를 강화했다. 그러나 진왕 정은 제나라의 서쪽을 공격하지 않고 연나라를 정벌하고 회군하는 왕분에게 북쪽에서 제나라의 수도 임치(臨淄)를 공격하도록 지시했다. 진군이 북쪽에서 기습 공격하자 제군은 변변히 저항도 못해보고 항복했다(기원전 221). 이로써 중국에서 동주로부터 춘추전국시대로 이어진 500여 년 동안의 제후들의 분열할거 국면은 종말을 맞았고, 진나라는 중앙집권적 제국을 수립하게 된다. 이와 같이 진나라가 6국을 병합한 이면에는 강력한 군사력 이외에도 외교적인 '연횡'전략과 점령의 우선순위를 둔 '원교근공'전략이 주효하게 작용했다.

3. 진의 전쟁수행방식

앞에서 진의 6국 병합과정을 개략적으로 설명했지만, "실제는 이론보다 더 어렵다"는 격언이 있듯이 진이 군사력으로 6국을 병합하는 과정은 단순히 몇 문장으로 설명하기는 한계가 있다. 아울러 진이 타국보다 강력한 군사력을 건설했지만, 아무리 강한 군사력을 가졌다 하더라도 군사적인 전략·전술이 뒷받침 되지 않았다면 전쟁에서 승리하기는 쉽지 않았을 것이다. 전쟁에서의 승리는 적절한 군사력과 훌륭한 전략이 결합되어야 큰 효과를 발휘할 수 있다. 그렇다면 진군은 여러 타국과의 전쟁에서 어떻게 싸워 승리했는가? 전국시대에 많은 전투가 사료에 기록되어 있지만, 그중 기원전 261년 강대국 진과 조가 싸웠던 장평(長平)전투는 포로가 된 조군이 40만 명이 넘을 정도의 대규모 전투로 전국 후기 진의 전쟁수행방식을 가장 잘 선명하게 보여준다.

조나라는 사실 위나라 다음으로 국정개혁을 시도했던 국가였다. 당시 조는 중원의 제일 북방에 위치하고 있었다. 대략 지금의 산서성을 중심으로 섬서성 동남부와 산동성의 서부 일대를 포함했다. 장평전투 당시 조의 수도는 한단(邯鄲, 지금의 하북성 한단)에 있었고, 서쪽으로 진, 동쪽으로 연, 남쪽으로 한·위와 국경을 맞대고 있었다. 앞서 언급했듯이 조 무령왕은 북방 유목민족의 기마병을 모방한, 강력한 기병부대를 갖추어 조를 신흥

군사강국으로 만들었다.[27]

기원전 285년에 진·연·한·조·위 5개 연합군이 제를 침략해 제의 수도 임치를 점령한 사태가 발생한 후 제는 국력이 많이 쇠락해져 있었다. 당시 진과 대적할 수 있는 국가는 조나라 하나뿐이었다. 진과 조의 전쟁 원인은 한의 상당(上黨, 지금 낙양의 북쪽)을 두고 벌인 영토 쟁탈 때문이었다. 장평전투가 발생하기 전 진은 부단히 한을 공격해 영토를 침탈했다. 이에 한은 진에게 상당 땅을 헌상하고 화친을 요청했다. 그런데 상당 군수 풍정(馮亭)은 진에 복속되기를 거부하고 오히려 상당의 17개현을 조에 헌납했다. 그 목적은 상당 땅을 조가 얻게 되면, 진은 어쩔 수 없이 조를 공격하게 될 것이고, 그 다음에는 조·한 양국이 연합해 진과 대항할 수 있으리라 생각했기 때문이다.[28]

조 효성왕(孝成王)은 군대를 파병하여 한의 상당군을 접수했다. 그러나 한이 이미 상당군을 진에 헌상하겠다고 했기 때문에 진은 조의 행위를 좌시할 수 없었다. 이에 진 소왕(昭王)은 기원전 261년 왕흘(王齕)에게 대군을 주어 상당을 공격하게 했다. 이때 조군은 상당에서 물러나 장평(지금의 산서 고평(高平) 서북)에 성곽을 보수하고 진군을 기다렸다. 그해 4월부터 7월까지 진군은 소규모 전투에서 조군에 승리했지만, 조의 총사령관 염파(廉頗)가 성을 견고하게 지킬 뿐만 아니라 성 밖에서 진군과 결전을 추구하지 않았기 때문에 성과는 미미했다. 이제 다급해진 쪽은 진이었다. 진과 조가 전쟁을 벌이는 동안 초·위·한이 연합하여 진을 공격하려 했기 때문이다. 이

---

27   高銳 外(2000), 166~168쪽.

28   中國軍事史編書組(2006), 『中國歷代軍事戰略』 上, 143쪽.

때 진 소왕은 위나라에 사신을 보내 장차 한의 원옹(垣雍, 지금의 하남 원양(原陽) 서쪽)을 할양해 주겠다고 하면서 위가 조에 구원병을 보내지 못하도록 조치했다. 이른바 합종방해전략이었다.

진의 군사력이 강하다고 하나 조군이 성을 견고하게 지키고 있는 한 진군이 승리할 가능성은 희박했다. 이에 진은 이간계를 사용했다. 진은 조에 간첩을 보내 염파가 진과 내통해, 싸우지 않고 성을 고수하다 진에 투항하려 한다는 소문을 퍼트렸다. 원래부터 출병하지 않고 성을 고수하고 있는 데 불만을 가졌던 조 효성왕은 이간계에 넘어가 즉시 염파의 병권을 회수하고 조괄(趙括)로 하여금 군을 통솔하게 했다. 한편, 진은 이러한 이간계를 펼침과 동시에 비밀리에 파견군 사령관을 명장 백기(白起)로 교체했다. 조괄은 당시 병법을 통달하여 군사적 천재로 알려져 있었지만 문제는 그가 실전 경험이 없었다는 것이다. 조괄은 자신이 총사령관으로 임명되자 바로 염파의 방어전략을 바꾸어 진군과 정면 대결을 벌이기로 결정한다. 조괄이 전쟁 경험이 없어 경솔하고 또한 적을 얕잡아 본다는 것을 파악한 백기는 조군을 유인·포위하여 격멸한다는 전략을 세웠다.

8월, 조군이 성을 나와 일거에 공격해 오자 진군은 패하는 척 하면서 후퇴했다. 승리를 자신한 조괄은 진군을 계속 추격하여 진의 주둔지까지 추격했다. 이때 백기는 기병 25,000명을 우회시켜 조군 주력의 퇴로를 차단하는 한편, 별도의 5,000명의 기병은 성에 주둔하고 있는 조군이 성 밖의 주력군을 지원하지 못하도록 견제시켰다. 이로써 조군은 성안의 증원군과 식량이 모두 단절되는 상황에 처했다. 이후 진군은 고립된 조군을 공격해 부분적인 승리를 거두었지만, 조군의 전투력도 막강해 완전히 격멸시키지는 못했다. 조군은 성곽을 급조해 방어하면서 구원군을 기다렸다. 이때 조군 주력이 포위되었다는 소식을 들은 진왕은 급히 증원군을 보내 장평 북쪽의 길목을 점령하는 한편, 조의 본국으로부터 오는 증원군과 군량 수송을 완전히 차단했다. 이에 포위되어 있던 조괄은 특별부대를 편성해 진군의 포위망을 뚫으려고 몇 차례 시도했지만 모두 실패했다. 46일 동안 군량 보급을 받지 못한 조군은 기아에 시달렸다. 결국 조괄은 진군의 포위망을 뚫기로 결정하고, 직접 병력을 인솔해 포위하고 있던 진군을 공격했으나, 오히려 조괄은 전사하고 만다. 사령관을 잃은 조군 40여만 명은 모두 진군에 투항했다. 백기는 투항자 중 240명의 아이들만 풀어주고 모두 매장시켜 죽였다.[29]

장평전투는 전국시대 최대 전역 중 하나였다. 조군 45만 명이 사망했고, 진군 또한 출정 병력의 반이 손실을 입었다. 이 장평전투는 전국시대 중후기의 전쟁양상과 동맹형태를 잘 보여준다. 우선 전투에 있어서 전차전이 주를 이루고 있었던 춘추시대와 달리 전쟁 형태는 보·기병의 합동전으로 변화되었다. 주력은 보병이었고, 많은 기병들이 우회 차단작전을 위해 사용되었다. 보·기합동전이 가능하게 됨에 따라 장평전투에서는 보병과 기병을 활용한 유인, 매복, 포위, 우회, 후방 차단 등의 다양한 전술이 사용되었다. 또한 장평전투는 5개월간 진행되었는데, 전국시대의 전쟁이 단 며칠만의 결전으로 끝나던 춘추시대와는 비교도 안 될 정도로 장기전화 되었으며, 전쟁 규모도 한쪽이 40만 명 이상의 병력이 투입될 정도로 대규모화 되었다는 것을 보여준다. 그리고 춘추시대 성복전투에서 진의 문공이 과거 자신의 약속을 지키기 위해 90리를 물러나는 등의 태도

---

29 『史記』,「白起王翦列傳」.

를 보여준 것과 달리 진의 백기는 투항한 조군 45만 명을 몰살시킨 이후에도 조를 멸망시키기 위해 수도 한단으로 계속 진격했다. 이처럼 전국시대의 전쟁 양상은 매우 잔혹성을 띠었었다. 물론 이 장평전투는 전국시대의 극단적인 하나의 전쟁 사례에 불과할지도 모른다. 그럼에도 불구하고 장평전투는 전국시대의 전쟁양상이 이미 국가의 존망이 걸린 치열한 약육강식의 투쟁 형태였다는 것을 증명하기에 부족함이 없다.

4. '진율(秦律)'에 보이는 군사사상

여기서는 1975년 12월 호북성(湖北省) 운몽현(雲夢縣) 수호지(睡虎地)의 11호 진묘(秦墓)에서 발굴된 '진율'에 보이는 군사사상에 관해 검토하고자 한다. 전국 전기만 하더라도 서쪽 변방의 이족과 다름없이 취급받던 진이 전국 중기 이후 일약 군사 강대국으로 등장하게 된 배경은 상앙변법(商鞅變法)을 필두로 한 진의 개혁정치였다. 상앙의 1차 변법은 효공 3년(기원전 359)에 시작되었고, 십오제와 연좌제, 가족제도의 개혁, 군작제, 중농억상정책 등이 시행되었다. 2차 변법은 효공 12년(기원전 350)에 시작되었고, 수도를 천도함과 동시에 소가족제도의 창출, 현제에 기반한 집권체제의 수립, 개천맥(開阡陌)의 토지구획정리 등을 시행했다. 진율의 특징과 상앙의 사상에 대해서는 이미 유아사 쿠니히로(湯淺邦弘)가 『中國古代軍事思想史硏究』(1999)에서 지적한 바와 같이, 중앙집권화, 관료체제의 정비, 생산성의 향상, 군사력 강화, 법가사상 등 변법에 제시된 주된 개혁에 관한 부분을 진율에서도 찾아낼 수 있다.

아래에서는 유아사 쿠니히로의 견해를 보충하는 형태로 진이 강력한 군사력을 건설할 수 있었던 그 배경적 원인을 진율의 군사사상적 특징을 통해 확인해 보고자 한다. 첫 번째 특징으로 들 수 있는 것은 군작제(軍爵制)에 기반한 무공(武功)사상이다. 전장에서 공을 세운 군인들에게 포상을 하는 것은 시대와 장소를 막론하고 모는 국가에서 행해졌던 일이다. 그러니 진의 특징은 그 무공사상이 상앙변법에서 시행한 '군작제'에 기반하고 있다는 점이다. 상앙은 백성들의 전쟁 참여를 장려하고 전투력을 높이기 위해 20등급의 군작제를 제정했다. 전쟁에서 군공을 세우면 일반 서민들도 귀족들과 마찬가지로 작을 받을 수 있었을 뿐만 아니라 형벌 감면, 요역 면제, 토지 및 가옥 제공, 노비 하사 등의 여러 가지 혜택을 받을 수 있었다.[30] 이것은 진만이 가지고 있었던 매우 독특한 제도라 아니할 수 없다.

진율에는 군작제와 관련되어 다음과 같은 내용이 보인다.

> 종군하여 공을 세우면 응당 작(爵)과 상사(賞賜)를 준다… 작 2급을 반납함으로써 예신첩(隸臣妾)이 된 친부모 한 명을 속면(贖免)하고자 하거나, 참수의 공을 세워 공사(公士)가 된 자가 공사의 작을 반납함으로써 현재 예신 신분인 자신의 첩을 속면하고자 하는 경우 이를 허락하며, 예신 신분을 면하고 서인이 되게 한다.[31]

이와 같이 진율에는 군에 복무한 자가 전쟁에서 '공'을 세우면 '작'과 더불어 '상'을 주었다. 이는 "공이 있는 자에게 각각 그 크기에 따라 작을 주라"[32]는 상앙변법의 정신을 기본적으로 계승한 것이라 할 수 있다.[33] 또한 작 2급을 반납함으로써 예신첩이 된 친부모를 속면하거나 자신의 첩 신분도 속면하는 것이 가능했다. 이러한 군작제가 있었기 때문에 진의 백성들은 전쟁에 나가거나 군대에 가는 것을 두려워하지 않았을뿐만 아니

---

30   高銳 外(2000), 216쪽.
31   『睡虎地秦墓竹簡』, 「秦律十八種‧軍爵律」, 55쪽.
32   『史記』, 「商君列傳」.
33   高敏, 『雲夢秦簡初探』(河南: 河南人民出版社, 1979), 49쪽.

라, 오히려 전장에서는 서로 앞 다투어 적의 수급을 취하는 공을 세우려 했다. 군작제는 진군이 전투력을 발현하는 데 매우 큰 역할을 했다.

「봉진식(封診式)」에는 기원전 266년 진 소왕이 위와 벌인 형구성(邢丘城) 전투에서 병사들이 적의 수급을 놓고 서로 다툰 내용이 기록되어 있다.

- 어느 리의 사오(士伍) 갑이 남자 병을 결박하고 참수한 수급 하나를 가지고 남자 정과 함께 왔다. 갑이 보고하기를 "위(尉)인 아무개의 사리(私吏)로서 형구성 전투에 참전하였습니다. 오늘 군대 주둔지의 도로에서 병이 고의로 정에게 검을 찔러 상처를 입히고 이 수급을 빼앗는 것을 목격하고, 이에 병을 체포하여 압송해 왔습니다"라고 말했다. 이에 수급을 검사하고 즉시 정을 조사하고 또한 정이 입은 상처도 검사했다.[34]
- 어느 리의 사오(士伍) 갑과 정현(鄭縣)에 있는 어느 리의 사람인 공사(公士) 병이 함께 수급 하나를 가지고 와서 각자 보고하기를 "갑과 병은 형구성의 전투에 참가했고, 이것은 갑과 병이 획득한 수급으로 갑과 병이 서로 수급을 차지하려고 싸우다가 수급을 가지고 왔습니다"라고 했다.[35]

진과 위의 형구성 전투에서 남자 병이 정이 획득한 적의 수급을 빼앗고, 또 그 전투에서 얻은 수급을 갖고 갑과 병 두 명이 서로 다툰 사실은 이 군작제가 실제 전투에서 어떠한 효과를 발휘했을지 가늠케 한다. 전장에서 공을 세운 자에게 작을 부여함으로써 신분 상승의 기회를 제공하여

---

34 『睡虎地秦墓竹簡』,「封診式」, 153쪽.
35 『睡虎地秦墓竹簡』,「封診式」, 153쪽.

병사들의 사기와 전투의지를 고양시킨 진의 군작제는 진군만이 가진 독특한 군사사상적 특징이었다.

둘째, 군사훈련의 철저화와 군율의 중시이다. 군작제를 통해 각개 병사의 전투 의지를 진작시켰다고 하지만, 전장에서 각개 병사의 전투력이 적군보다 못한다거나 개인의 무공만을 앞다투어 군 조직의 전투력을 제대로 발휘되지 못하게 하는 행위는 이적 행위임이 틀림없다. 이에 대해 『손자』는 「병세편」에서 "전쟁에 능한 자는 세(勢)로 승리를 추구하며", "유능한 인재를 선발하여 유리한 기세를 만들어 그 기세를 탈 수 있게 한다"라고 하면서 전장에서 개별 전투력인 '기(氣)'와 더불어 군 조직에서 나오는 전투력인 '세(勢)'의 중요성을 강조했다.

진의 군사훈련이 어떻게 실시되었는지는 진의 멸망과 동시에 많은 문헌들이 망실되어 구체적인 정황은 파악하기 어렵다. 하지만 출토된 진율에 근거하면, 진군은 명확한 성과제를 기본으로 군사훈련을 실시했던 것으로 보인다. 진율에는 다음과 같은 내용이 있다.

발노색부(發弩嗇夫)36의 쇠뇌 발사 성적이 목표에 부합하지 않을 경우 벌금 2갑을 부과하고 면직하며, 현색부가 다른 사람을 발노색부로 임용하도록 한다. 마차를 모는 마부를 임용한지 4년이 되었는데도 여전히 마차를 제대로 몰지 못할 경우 마부의 훈련을 담당한 자에게 벌금 1순을 부과하고, 마부 본인은 면직시키며 아울러 4년간 변경에서 요역을 하여 잘못을 보상케 한다.37

---

36 '발노색부'는 쇠뇌부대의 지휘관이다.
37 『睡虎地秦墓竹簡』, 「秦律雜抄」, 79쪽.

군사 훈련의 불철저로 인해 쇠뇌 사용 부대의 지휘관인 발노색부의 쇠뇌 발사 성적이 목표에 부합하지 않을 경우와 마차를 모는 기술이 일정한 수준에 도달하지 못하면 면직시키는 엄한 처벌이 내려졌다. 또한 군마에 대해서는 "군마를 제대로 부릴 수 없거나 명령에 따르지 않으면, 담당자인 현의 사마(司馬)와 현령·현승에게 각각 벌금을 부과하였고,[38] 사졸이 말을 이용하여 상행위를 하였을 경우는 유배형에 처했다."[39] 이러한 내용들은 진의 군사훈련이 각각의 직책별로 달성해야 할 목표가 있었으며 그 수준을 달성하지 못했을 경우에는 벌금으로부터 면직에 이르기까지 매우 엄중한 처벌이 가해졌음을 보여준다. 특히 진율에서 발노색부와 군마의 훈련의 중요성을 기록한 것은 전국시대 후기의 전쟁에서 기병이 점차 중요한 병과가 되어가고 있다는 것을 보여준다. 이에 따라 기병이 주로 사용한 신병기로, 살상력과 비거리가 뛰어난 '쇠뇌(弩)'의 정확도와 군마의 훈련 상태는 매우 중요했을 것이다. 진율에 나타난 이러한 규정들은 진이 전국시대 중·후기의 전쟁형태의 변화를 수용하여 전투력의 향상을 도모했음을 보여준다.

한편, 전투 시의 군율에 대해서는 다음과 같은 내용들이 있다.

① 능히 군사들의 사기를 진작시켜 장군이 그의 명성을 들을 정도의 사람에게는 응당 상을 준다.[40]

---

38 『睡虎地秦墓竹簡』, 「秦律雜抄」, 81쪽.
39 『睡虎地秦墓竹簡』, 「秦律雜抄」, 86쪽.
40 『睡虎地秦墓竹簡』, 「法律答問」, 105쪽.

3장 진제국의 통일전략과 군사사상

② 적을 찬양하여 군인들의 마음을 동요시키는 자는 응당 륙(戮)[41]한다.[42]

③ 본래 대부(大夫)인 자가 적을 참수했을 경우에는 유배형에 처한다.[43]

④ 왕의 명령서와 '급(急)'자가 표시되어 있는 문서를 전송함에 응당 즉시 보내야 하
고, 급하지 아니한 것은 당일 내로 전송을 완료하되 지체해서는 안 된다. 지체할 경
우는 법에 따라 논죄한다… 징집과 관련된 문서에는 반드시 급하게 도착해야 한다
는 것을 명기하고, 이 문서를 전송하는 사람이 이미 도착하지 않았을 경우 이를 추
적 조사하여야 한다.[44]

　　진율은 ①·②에서 확인되는 바와 같이 병사들의 사기를 진작시키는
자에게는 상을 내렸고, 반대로 적을 찬양해 아군의 사기를 저하시키는 자
에게는 '륙'형으로 다스렸다. 그런데 ③의 내용은 다소 특이하다. '대부'가
적을 참수할 경우에 '유배'라는 엄형에 처했다는 것인데, 이는 상앙의 군
작제에 위배되는 규정처럼 보인다. 그러나 당시 '대부'는 작위의 하나로
대체로 부대를 지휘 통솔하는 책임을 갖고 있었다. 따라서 진율은 부대의
지휘관이 사사로이 작위를 더 얻기 위해 부대 지휘를 방치하고 적을 참수
하는 행위를 미연에 방지하기 위해 이러한 규정을 두었을 것이다. 마지막
으로 ④는 문서 전달체계에 대한 규정으로서 진왕의 명령서와 '급'자가 표
시된 중요한 문서는 특히 주의를 기울였으며 어겼을 경우 논죄했다. 특히

41　륙(戮)은 진의 형벌제도로서 먼저 살아있는 상태에서 군중들 앞에서 치욕을 주고, 그러한 연
　　후에 참수하는 것을 말한다.

42　『睡虎地秦墓竹簡』, 「法律答問」, 105쪽.

43　『睡虎地秦墓竹簡』, 「秦律雜抄」, 81쪽.

44　『睡虎地秦墓竹簡』, 「秦律十八種·行書」, 61쪽.

징집과 관련된 모든 문서는 급하게 처리한다는 표시를 해야 한다고 규정하고 있는데, 작전시의 명령에 관한 문서는 어떻게 처리했을지 가히 짐작이 가는 대목이다. 이들 군율에서 명확히 알 수 있는 것은 진율은 전시와 평시를 불분하고 병사뿐만 아니라 지휘관들도 항상 상벌로 그 행동을 규제했다는 점이다. 이는 진이 군대에 있어서 법령과 상벌을 명확히 하여 지휘계통을 확립하는 것이 무엇보다도 중요하다는 것을 인식했기 때문이다.

셋째, 진은 군수품, 식량 등 군사에 있어서 물질적 요인을 중시했다. 전국 중기의 병서인『울료자』에는 이미 "군량이 부족하면 장병들은 나아가지 않으며", "잘 갖추어져 있지 않으면 전투력이 약하다"[45]라며 그 중요성을 강조했다. 진율에는 농업생산성의 향상을 위해 "동거하는 자들을 변경 경비에 동시에 징발하여 복역케 해서는 안 된다. 현색부(縣嗇夫)·현위(縣尉)·사리(士吏)가 만일 법에 따르지 않고 변경 경비에 징발했을 경우 2갑의 벌금을 부과한다"[46]라고 기록하고 있다. 즉 진율은 동거자 중 둘 이상을 징발해서는 안 된다고 하며 변경 수비가 중요함에도 불구하고 농업 생산의 중요성을 간과하지 않았던 것이다.

아래의 진율에는 진이 군에서 얼마나 군량을 엄격히 관리했는지를 보여준다.

군중에서 군량을 수령하지 않아야 하는데 받은 경우 모두 2갑의 벌금형에 처하며 면직하여 영구히 임용하지 아니한다. 관리가 아니면 변경에서 2년간 근무케 한다. 같이

---

45 『尉繚子』,「戰威」.
46 『睡虎地秦墓竹簡』,「秦律雜抄」, 89쪽.

취식하는 무리와 둔장(屯長)·복사(僕射)가 보고하지 않은 경우 1년의 변경 근무에 해당하는 벌금을 부과한다. 현령·현위·사리가 발각하지 못한 경우 1갑의 벌금을 부과한다. 군인이 식량을 수령한 현과 행군하여 통과하는 현에 군량을 내다 판 경우 2년의 변경 근무에 해당하는 벌금을 부과하고, 같은 전차의 취식인과 둔장·복사가 보고하지 않은 경우 변경에서 1년간 근무토록 하며, 현사공(縣司空)·사공좌사(司空佐史)·사리(士史)가 발각하지 못한 경우 1갑의 벌금을 부과하고, 조정의 사공(司空)에게는 1순의 벌금을 부과한다.[47]

군대에서 "군량을 수령하지 않아야 하는"데도 불법으로 수령한 경우, 관리인 경우에는 면직했고, 관리가 아닌 경우에는 변방에서 2년 동안 근무케 했으며, 같이 생활하는 인원과 감독관도 책임을 물었다. 또한 수령한 군량을 다시 내다 판 경우에 본인은 2년의 변방 근무에 해당하는 벌금을 물었으며, 같은 생활하는 무리와 감독관, 나아가 현의 관리와 조정의 사공에게도 엄격히 그 책임을 물었다. 또한 "갑옷의 미늘의 수가 장부에 기록된 숫자보다 초과하거나 부족한 상태인 경우 초과한 수량의 미늘은 상부에 납입하고, 부족한 미늘의 수량은 변상시킨다", "수(殳)·극(戟)·노(弩)에 흑색과 적색의 도료를 서로 뒤바꾸어 칠하였을 경우, 잉여나 불비(不備)가 아닌 순서를 잘못 표기했을 때의 율에 의거 논죄한다"와 같이 무기 관리에 부정이나 착오가 있으면 엄히 추궁했다.

이상에서 진의 군사사상과 관련된 진율을 살펴보았다. 군의 전투력을 제고시키기 위해 진은 군작제에 근거해 군령을 지키고 공을 세운 자에

---

47 『睡虎地秦墓竹簡』, 「秦律雜抄」, 82쪽.

게는 상을 내리고 우대했으며, 군령을 위반하거나 무시한 자는 직위 고하를 막론하고 가차 없이 처벌했다. 또한 명확한 성과제를 바탕으로 군사훈련을 실시했으며, 법령과 상벌을 통해 지휘계통을 확립했다. 그리고 전쟁지원에 필요한 군수품과 군량에 관한 상세한 규정을 만들었고, 무기·군량의 관리부실을 비롯한 부정을 엄중히 단속했다. 신상필벌과 엄법시행의 원칙에 따라 추진된 상앙의 변법은 모두 부국강병을 위한 현실적 목적을 가지고 있었으며, 진율은 그러한 상앙의 개혁정신을 그대로 반영한 것이었다. 단기간에 국력이 비약적으로 발전하여 홀연히 군사강국으로 성장했던 진나라 군대의 배후에는 바로 이러한 진율이 존재했던 것이다.

5. 『여씨춘추(呂氏春秋)』의 군사사상

『여씨춘추』는 장양왕 원년부터 진시황 10년까지 13년간 재상을 지냈던 여불위(呂不韋)가 자신의 식객 수천인에게 편찬하게 한 것이다.[48] 『여씨춘추』에 관한 기존의 연구는 그 성립에 관한 사정이나 체계성의 유무, 진시황제와의 관계, 그리고 각 편의 편자와 그 사상적 특색 등 다양한 문제가 연구의 대상이 되었지만, 군사사상이라는 관점에서의 고찰은 매우 적었다.[49] 이에 여기서는 『여씨춘추』의 체계성이나 그 성립에 관한 것은 제외하고 전국 후기 6국을 병합하려 했던 진이 천하통일의 정당성을 어떻게 확보하려 했는지, 그리고 『여씨춘추』에 담겨있는 군사사상적 특징은 무엇인지 검토해 보고자 한다.

전국시대 전쟁의 잔학성과 파괴성을 목격한 맹자는 부국강병을 목적으로 한 제국(諸國)의 군사 행동은 결코 허용되어서는 안 되는 침략전쟁이라 규정하였고, 묵자는 침략을 목적으로 한 공격전은 '불의(不義)'이고 그것을 저지하려는 방어전은 '의(義)'라고 하는 개념을 제시했다. 양육강식의 전국시대에 각국이 생존을 걸고 격렬한 전쟁을 벌이고 있었지만, 지식인

---

48   여불위는 선진 제자백가의 학설을 종합함으로써 이른바 잡가적 성격의 학설을 세웠다. 이 『여씨춘추』는 모두 26편, 20여 만자로 구성되어 있고, 이것이 지금까지 전해 내려오고 있다. 여불위, 김근 옮김, 『여씨춘추』(서울: 글항아리, 2012), 19쪽.

49   湯淺邦弘(1999), 324쪽.

들의 전쟁에 대한 인식은 오히려 부정적이었음을 알 수 있다. 이러한 가운데 상앙의 변법 이후 군사강대국이 된 진은 '병(兵)'의 정당성에 관한 문제를 어떻게 인식하고 있었을까?

우선 『여씨춘추』 「탕병(蕩兵)」편에는 다음과 같은 설명이 보인다.

> 군대의 유래는 오래되어서 인류와 함께 시작되었다. 무릇 군대라는 것은 위세이고 위세라는 것은 힘이다. 사람들이 위세와 힘을 가지려 하는 것은 천성이다. 천성은 하늘로부터 받은 것이므로 사람이 어찌 할 수 있는 바가 아니다. 무용 있는 자가 바꿀 수 없으며, 지혜 있는 자가 고칠 수 없다… 군대를 일으켰다가 그 나라를 잃은 사람이 있다고 해서 천하의 군대를 폐지하려는 것은 터무니없는 짓이다. 무릇 군대는 폐지할 수 없는 것으로, 비유하면 마치 물과 불 같아서 그것을 잘 이용하면 복이 되지만 잘 이용하지 못하면 화가 되는 것이다. 또한 약을 사용하는 것으로 말하자면, 좋은 약은 사람을 살리지만, 나쁜 약은 사람을 죽인다. 의로운 군대가 천하의 양약이 되는 것은 진실로 크다 하겠다.[50]

여기에서는 군대의 보유가 '하늘(天)'로부터 받았다는 이유로 군대의 보유를 정당화 하고 있다. 또한 "옛 성왕들은 의로운 군대를 보유했어도 군대를 폐지하지 않았다"와 같이 하늘로부터 받은 군대를 과거의 성왕들도 유지했음을 강조하고 있다. 다만 그 군대라는 것은 "천하의 양약이 되는" 의로운 군대이지 나쁜 약과 같은 악한 군대가 되어서는 안 된다고 주장한다. 또한 "군대가 진실로 의로우면 그것으로 폭군을 쓰러뜨리고 도

---

50 『呂氏春秋』, 「蕩兵」.

탄에 빠진 백성을 구한다. 백성들이 환호하면 따르는 것은 강한 활로 깊은 계곡을 쏘는 것과 같고, 큰 홍수가 밀려와 막힌 제방을 무너뜨리는 것과 같다"[51]라고 하면서 백성들이 의로운 군대를 기다리고 있다는 견해를 보인다. 이와 같이 『여씨춘추』에는 군대라는 것은 인간의 본성이고, 역사적 필연성을 가지고 있으며, 여러 가지 사회적 요청으로 인해 그 정당성을 지닌 것이라고 설명하고 있다.

다음은 『여씨춘추』에 보이는 전쟁관이다. 전국시대는 타국을 병탄하는 약육강식의 시대였다. 이러한 시대적 배경 하에서 『여씨춘추』는 전쟁을 어떻게 인식하고 있었는가? 다음 자료에서는 '천하'적 시야에서 전쟁의 정당성을 주장하고 있다.

> 무력이 비롯되어 내려온 바는 오래되었으니 황제와 염제는 물과 불을 사용했고, 공공씨(共工氏)는 제멋대로 난을 일으켰으며, 오제는 항상 다투었다. 그래서 번갈아가며 흥성하고 멸망했으며, 승리한 자가 천하를 다스렸다… 천자를 세우는 것은 군주에서 나왔고, 군주를 세우는 것은 수령에서 나왔으며, 수령을 세우는 것은 투쟁으로부터 나왔다. 투쟁이란 것은 본래 오래되어서 막을 수도 없고 금할 수도 없다. 그러므로 옛 성왕들은 의로운 군대를 보유했어도 군대를 폐지하는 일은 없었다… 그러므로 성내고 책망하는 회초리는 가정에 있어서 없어서는 안 될 것이며, 국가의 형벌은 국가를 다스림에 있어 없어서는 안 될 것이고, 천자의 주벌은 천하의 평화를 위해 멈출 수 없는 것이다.[52]

51 『呂氏春秋』, 「蕩兵」.
52 『呂氏春秋』, 「蕩兵」.

여기서는 군사적 승리가 '천하'의 평화를 가져온다는 이유로 전쟁을 높이 평가하고 있다. 하지만 그 평화라는 것은 주왕조의 권위 회복과 서주 체계의 부흥을 의미한 것은 아니었다. "번갈아가면서 흥성하고 멸망했으며, 승리한 자가 천하를 다스렸다"와 같이 무력을 배경으로 한 신질서의 창건을 의미한 것이었다. 이점은 당시 6국을 무력으로 침략하여 천하통일을 이룩하고자 한 강대국 진으로서는 반드시 갖추어야 할 전쟁의 정당화에 관한 이론적 개념이었을 것이다. 그리고 『여씨춘추』는 전쟁을 '황제'·'오제' 이래로 필연적인 현상으로 정당화 하면서도 공격적인 전쟁은 반대하면서 방어적인 전쟁은 옹호하는 '구수(求守)'론자[53]를 비판했다. 『여씨춘추』에서는 "구수를 옹호하면 도리를 지키는 자를 자라게 해주는 것과, 무도한 자를 끊어지게 하는 것과, 의로운 자를 상주고 불의한 자를 벌주는 정책이 시행되지 않는다"[54]라고 하면서 구수론자를 신랄하게 비판했다.

『여씨춘추』가 무력행사를 정당화 했지만 모든 전쟁을 긍정적으로 본 것은 아니었다. 「논위(論威)」편에는 "병은 천하의 흉기이다"라고 하는 기본적인 인식을 보여준다. 또한 「금색(禁塞)」편에서는 "무릇 구하고 지켜주는 구수에 있어서 가장 최선은 언사요, 그 다음은 무력을 사용하는 것이다"라는 『손자』를 방불케 하는 내용이 보인다. 하지만 전반적인 논조는 무력행사를 긍정하는 색채가 농후하다. "흉기를 사용하면 반드시 죽이게 되는

---

53 '구수(求守)'론은 의(義)에 기초한 방위전만을 용인하는 것으로 '묵수(墨守)'라는 단어를 낳은 묵가집단의 실천행동으로 구현된 이론이다. 군사대국에 의거한 침략전쟁을 저지하고, 약소국을 구원하기 위한 방위전쟁만을 옳다고 보는 입장이다.

54 『呂氏春秋』,「振亂」.

데 죽인다는 것은 '도'가 있는 사람을 살리기 위한 것이다"[55], "의로움과 불의함을 분별하지 않고 성급하게 구수를 옹호하고 나서니 불의함이 이보다 큰 것이 없고, 천하의 백성에게 해를 끼침이 이보다 더 심한 것이 없다"[56]라고 비판하면서 무력행사를 긍정했다. 그렇다면 『여씨춘추』에서 전쟁은 무엇을 통해 그 정당성을 보증 받고 있는가? 무력행사의 조건에 대해서 다음과 같은 내용이 기재되어 있다.

- 의로운 군대는 먼저 소리를 내어 다음과 같은 명을 공표한다. "군대가 오는 것은 백성들의 목숨을 구하기 위함이다. 그대들 백성의 임금은 무도하고, 거만하고 성질이 거칠고 게으르며, 욕심이 많고 포학하여 백성을 학대하고, 방자하여 남을 함부로 흘겨보며, 남의 말을 듣지 않고 제멋대로 한다.[57]
- 무릇 공벌은 무도한 자를 공격하고 불의한 자를 벌하는 것이어야 한다. 무도한 자를 공격하고 불의한 자를 벌하면 이보다 큰 복이 없으며, 백성을 이롭게 하는 것이 이보다 더 후한 것이 없다. 만일 무도한 자를 공격하고 불의한 자를 토벌하는 것을 막는다면 그것은 탕왕과 무왕의 업적을 막고 걸왕이나 주왕의 과오를 키우는 것이다.[58]
- 만약 전쟁이 의에 부합하여, 폭군을 주살하고 고통 받는 백성을 구제한다면, 백성들은 기뻐할 것이다.[59]

---

55 『呂氏春秋』, 「論威」.
56 『呂氏春秋』, 「禁塞」.
57 『呂氏春秋』, 「懷寵」.
58 『呂氏春秋』, 「振亂」.
59 『呂氏春秋』, 「蕩兵」.

여기에서 '의로운 군대'는 "백성들의 목숨을 구하기 위한 것"이고, 공벌은 '무도'한 자를 공격하고, '불의'한 자를 처벌하는 것이며, "전쟁이 의에 부합하여 폭군을 주살하고 고통 받는 백성을 구제한다면 백성들이 기뻐할 것이다"라는 의병설을 내세운다. 이러한 내용은 전국시대 중기에 바람직한 군사행동은 덕이 있는 왕자에게만 허락된 의전(義戰)이라고 주장한 '왕도의병설'과 유사하다.

그러나 『여씨춘추』의 '의병'은 맹자의 '의병'과는 본질적으로 다르다. 『여씨춘추』의 경우는 의병의 압도적인 경우를 표현한 것이지 무력행사의 부정이나 맹자와 같은 왕도정치의 주장과는 근본적으로 발상을 달리한 것이다.[60] 「회총」편의 다른 내용에는 "무고한 사람을 죄주어 죽이고, 당치도 않은 사람에게 하례를 하고 상을 주었다. 이와 같은 자는 하늘이 주살하는 바이고, 사람들이 원수로 여기는 바이니 임금이 되어서는 안 된다. 이제 군대가 오는 것은 장차 임금이 되어서는 안 되는 자를 주살하기 위함이요, 백성의 원수를 제거해 하늘의 도리를 받들기 위함이다"라고 하면서 무력행사를 긍정하는 의병을 주장한다. 즉 아무리 의병이라 할지라도 『여씨춘추』의 경우에는 무력행사를 높이 평가하고 있는 것이다.

마지막으로 살펴볼 것은 『여씨춘추』의 강병사상이다. 앞서 언급했듯이 『손자』는 전투 능력이나 전투 의지에 관한 문제를 안고 있는 많은 수의 병졸을 어떻게 동원하고 통솔할 것인가 하는 문제에 대해 많은 생각을 피력했다. 그러나 『여씨춘추』는 무리의 다수보다는 소수 정예병을 양성해야 한다는 특징적인 주장을 전개하고 있다. 『여씨춘추』는 우선 "가장 홀

---

60 湯淺邦弘(1999), 334쪽.

룽한 군사를 간추려 뽑고 병기도 날카로워서 능력 있는 장수로 하여금 통솔케 함으로써 옛날에 임금이 될 수 있었고, 패제후가 될 수도 있었던 것이니, 탕왕·무왕·제 환공·진 문공·오 합려 등이 바로 이들이다"[61]라는 춘추오패의 예를 들면서 이들이 모두 정예를 모아서 성공을 거두었다고 주장한다.

이와 유사한 사고로 "군대의 단위가 크고 군사의 수가 많으면서도 싸우지 못한다면, 수가 많은 것보다는 차라리 적은 것이 낫다"[62], "그러므로 무릇 병마의 세력이 험한 것은 그것이 숙달됨을 요하고, 무기와 갑옷과 장비는 그것이 잘 들기를 요하며, 용감하고 힘센 인재를 뽑고 헤아림에 있어서는 그것이 가장 알차기를 요하고, 군사와 백성들을 통솔함에 있어서는 그것이 잘 훈련되고 명령에 복종하게 되기를 요한다"[63]와 같은 사례가 보인다. 즉『여씨춘추』는 우수한 인재의 선발, 지휘명령계통의 정비와 철저한 군사훈련 등이 병사의 많고 적음보다는 중요하다고 주장하고 있는 것이다.

사실『여씨춘추』의 강병사상은 전쟁에서 어떻게 싸워 이기고, 또한 그것을 위해 병사들을 어떻게 통솔할 것인가의 현실적인 문제와 연결된다. 그러한 측면에서『여씨춘추』에는 어떠한 군사적 사고들이 존재하고 있는가?

---

61 『呂氏春秋』, 「簡選」.

62 『呂氏春秋』, 「決勝」.

63 『呂氏春秋』, 「簡選」.

① 무릇 군대에는 바탕과 중심이 되는 부분이 있으니, 반드시 의로워야 하고, 반드시 지혜로워야 하며, 반드시 용감해야 한다.[64]

② 용감하면 싸울 수 있고 겁약하면 달아난다.[65]

③ 삼군의 모든 병사가 마음을 같이하고 힘을 합한다면, 명령이 병사들을 기필코 나아가게 하여 대적할 자가 없을 것이다.[66]

④ 이기고 지는 군대 중에서 (이기는 군대는) 반드시 숨기고 작게 하며, (지는 군대는) 반드시 정체되고 획일적이다. 숨기면 승리가 드러나고 작게 하면 승리가 밝혀지며… 이것은 마치 치고, 할퀴고, 들이받고, 물어뜯는 짐승에 비유할 수 있으니, 그들이 이빨, 뿔, 발톱, 어금니 등을 사용할 때는 반드시 납작 엎드려 작게 하고 자신을 숨기고 가린다. 이것이 바로 승리를 이루는 방도이다.[67]

⑤ 무릇 군대의 가장 큰 요체는 적이 생각하지 못하는 바와 막지 못하는 바를 도모할 줄 아는 것으로, 전제(專諸)의 경우가 바로 그것이다.[68]

⑥ 무릇 군대는 때와 정세에 기초해서 행사하는 것을 중히 여긴다. 기초한다는 것은 적의 어려움에 기초하여 자신의 방어 거점을 만들고, 적의 전략에 기초하여 자신의 임무를 수행하는 것이다.[69]

⑦ 옛날의 모범적인 군대는 백성들 중에서 명령을 존중하는 자들로 구성되었다… 명령이 강력하다는 것은 적이 약해지는 것이고, 명령이 삼군에 시행된다는 것

64 『呂氏春秋』, 「決勝」.
65 『呂氏春秋』, 「決勝」.
66 『呂氏春秋』, 「論威」.
67 『呂氏春秋』, 「決勝」.
68 『呂氏春秋』, 「論威」.
69 『呂氏春秋』, 「決勝」.

3장 진제국의 통일전략과 군사사상

은 적이 굴복하는 것이다. 먼저 명령을 삼군에 시행시키는 일에서 승리한다면 반드시 전장에서도 승리할 것이다.[70]

　　여기서 ①·②·③은 전투력 생성의 기본적인 인식을 보여주고 있다. 군대는 반드시 의롭고, 지혜롭고, 용감해야 하는 것이 근본이며, 용감하면 싸울 수 있고 겁약하면 달아난다. 또한 삼군의 병사가 마음을 같이하고 명령이 시행되면 대적할 자가 없다는 것이다. 이는 부대의 전투력이 개별 병사의 사기에서 나오며, 아울러 단결되고 군기가 서있는 군대는 패하지 않는다는 인식이다. 이러한 주장은 병사들을 억지로 적중에 깊이 침투시키고, '도망갈 곳 없는'[71] 상황에 몰아넣어 병사들이 필사적으로 싸우는 상황을 조성했던 『손자』의 주장과는 다르다. 전국시대 후기에는 농민병을 동원해 전쟁을 수행해야 했던 춘추시대와는 달리 이미 훈련받아 숙달된 상비군 개개 병사의 전투력과 그들의 단결이 전투의 승패에 큰 영향을 주고 있었던 것이다.

　　④·⑤는 용병술에 관한 내용이다. 『여씨춘추』에는 이기는 군대는 자신의 역량을 숨기고 감춰야 하고, "적이 생각하지 못하는 바와 막지 못하는 바를 도모할 줄 알아야 한다"라고 주장한다. 이는 용병술에 있어서 『손자』와 동일하게 기만의 중요성을 강조하고 있는 것이다. 한편, ⑥에서는 용병술의 시작이 근본적으로 적군의 정보에 기초해야 한다는 것을 강조한다. 군대는 '정세'에 기초해야 하며, "기초한다는 것은 적의 어려움에

70　『呂氏春秋』, 「論威」.
71　『孫子』, 「九地篇」.

기초하여 자신의 방어 거점을 만들고, 적의 전략에 기초하여 자신의 임무를 수행하는 것이다"라고 주장하고 있다. 이는 적군의 '전략', '약점' 등에 대한 정보들을 확실히 장악한 후 그에 기초해 아군의 전략·전술을 수립하라는 것으로써 정보력의 중요성을 언급하고 있는 것이다.

⑦은 병사들의 통솔에 관해 다루고 있는 내용이다. 『손자』의 「시계편」에서 전쟁 전에 양측 장군의 역량에 관해 객관적으로 비교가 필요하다고 주장했으며, 『오자』는 장군 스스로 솔선하여 병졸과 친하고 그 신뢰관계에 기초하여 군대를 통제해야 한다고 주장했다.[72] 즉 구체적인 방법 면에서는 생각을 달리하지만 『손자』와 『오자』 모두 부대의 지휘 통솔에 있어서 장군의 개개 역량을 중요시 하고 있다. 그런데 ⑦에서는 "명령이 강력하다는 것은 적이 약해지는 것이고, 명령이 삼군에 시행된다는 것은 적이 굴복하는 것이다. 먼저 명령을 삼군에 시행시키는 일에서 승리한다면 반드시 전장에서도 승리할 것이다"라고 하면서 개개 지휘관의 역량도 중요하지만 근본적인 부대의 군기 문제를 중시하고 있다. 특히 병사들을 상벌로 엄격히 통제해 명령을 시행시키려 한 점은 유가적이기 보다는 매우 법가적이다. 이는 진나라의 통치 이념인 법가적 특성을 반영하고 있다고 보아야 할 것이다.

이러한 『여씨춘추』의 군사사상은 진의 통일의 정당성과 어떠한 관련성이 있는가? 『사기』 「진시황본기(秦始皇本紀)」에는 시황제 순행 시 건립된 각석 내용이 기록되어 있다. "6국의 전횡이 심해지고 탐욕스럽고 포악하며 오만하고 사나워져서 무리를 거느리고 스스로 강함을 과시하며, 포악

---

72 『吳子』, 「將軍篇」.

하고 멋대로 행동하고 힘을 믿고 교만하며 수많은 군대를 움직이고 몰래 첩자를 통해 합종을 일삼고 그릇된 행동을 하니, 안으로는 간사한 모의를 감추고 밖으로는 변경을 침략하여 마침내 앙화를 일으켰다. 의위(義威)로써 이를 주벌하고 폭정과 패악을 근절하니 난적은 멸망했다."[73] 이 비문은 진시황제의 통일전쟁이 어떠한 목적과 정당성을 가졌는가를 설명하기 위해 만들어진 것이었다. 진의 관점에서, 진의 군사행동은 6국이 초래한 '앙화'를 진압하고 천하의 평화를 가져온 의병이었던 것이다.

이 비문의 내용은 전쟁은 천하의 평화를 가져오기 위한 필연적인 현상이며, 국가의 형벌이 국가를 다스리는 데 꼭 필요하듯이 천하의 안정을 가져올 때까지 전쟁은 멈출 수 없다는 『여씨춘추』의 주장과 일맥상통한다. 물론, 진의 공적을 천하에 널리 알리려는 목적으로 새겨진 비문과 다수의 식객을 거느리고 문화적 위업을 과시하기 위해 편찬된 『여씨춘추』를 동일한 선상에서 비교할 수는 없다. 하지만 적어도 『여씨춘추』에 보이는 '병'의 정당성에 관한 논리는 진의 침략전쟁을 긍정하고, 천하통일을 뒷받침하기 위한 하나의 이론적 역할을 했음은 틀림없다. 전국시대 중기에 맹자가 바람직한 군사행동은 덕이 있는 왕자에게만 허락된 의전(義戰)이며 부국강병을 목적으로 한 제국(諸國)들의 군사 행동은 침략행위라고 인식한 '왕도의병설'과 비교하면 그 차이는 선명하다.

---

73 "六王專倍, 貪戾傲猛, 率眾自彊. 暴虐恣行, 負力而驕, 數動甲兵. 陰通間使, 以事合從, 行為
    辟方. 內飾詐謀, 外來侵邊, 遂起禍殃. 義威誅之, 殄熄暴悖, 亂賊滅亡."『史記』,「秦始皇本紀」.

전한의 통치이념과 군사사상

1. 전한 초기의 유법절충적 통치이념

한 대는 중국의 유가사상이 통치이념으로 정착되어가고 있는 시기이기 때문에, 한 초기의 정치사상과 그 전쟁관에 관한 분석은 전쟁의 정당성 측면이나 시대적 흐름에 따른 전쟁관의 시각 확대 및 심화라는 측면에서 매우 중요한 의미를 가진다. 여기서는 한 초기의 통치집단이 진의 법치사상을 어떻게 비판 또는 받아들이고 있으며, 유가의 의전(義戰)사상을 어떻게 인식하고 있는지 확인하고자 한다.

6국을 병합한 진 제국은 기원전 209년 진승(陳勝)·오광(吳廣)의 반란에 이어 내전이 발생해 멸망했고, 유방은 기원전 202년 항우를 물리치고 새로운 통일왕조인 한을 건립했다. 앞서 언급했듯이 고대중국 철학연구자인 일본의 유아사 쿠니히로는 1975년 12월 중국에서 출토된 '진율'을 분석하여 진이 천하를 통일하게 된 배경으로 진의 중앙집권화, 관료체제의 정비, 생산성의 향상, 군사력의 강화를 제시했다. 그는 전국 말의 진이 관료체제를 바탕으로 한 강력한 중앙집권화를 지향하고 있었고, 그러한 제도를 배경으로 하여 군사력의 증강을 도모하고 있었다고 주장했다. 그리고 정치이념으로서 법치주의를 채용한 진의 군사행동은 군작제와 각종 군율로서 진의 법치체계 속에 포섭되는 한편, 그 법치를 궁극적으로 지탱

하는 절대적인 힘으로도 기능하고 있었다고 추론했다.[01]

앞서 『사기』「진시황본기」에 시황제 순행 시 만들어진 각석(刻石)의 비문 내용을 통해 우리는 진의 통일전쟁의 목적과 그 정당성을 어떻게 확보하려 했는지 진나라의 인식을 조금이나마 엿볼 수 있었다. 시황 29년의 지부(芝罘) 각석 비문도 이와 유사한 내용이 있다.

> 6국은 사악하고 탐욕스러워 만족할 줄 모르고 학살을 멈추지 않았다. 황제는 백성들을 가엽게 여기고 마침내 토벌군을 일으켜 무덕(武德)을 크게 떨쳤다. 의(義)로 주살하고 신(信)으로 행하니 위엄이 멀리까지 빛나고 복종하지 않는 제후가 없었다. 강폭함을 소멸시키고 백성들을 구제하여 사방을 두루 안정시켰다.[02]

이 비문에는 진의 무력사용이 6국의 잔학한 행위를 멈추기 위한 불가피한 행위로 '의(義)'에 따라 '주살(誅)'하고, '신(信)'에 따라 '행동(行)'했다고 주장하고 있다. 진의 입장에서 6국을 병합하기 위한 무력사용은 천하의 평화를 가져오기 위한 의병이었던 것이다. 이러한 정당화는, 탕왕이 걸왕을 시해하고 무왕이 주왕을 정벌한 사례를 들면서 "신하가 그 임금을 시해해도 됩니까?"라고 묻는 제선왕(齊宣王)에게 "인을 해치는 자를 적(賊)이라 말하고 의를 해치는 자를 잔(殘)이라 말하고, 잔적(殘賊)한 자를 일부(一夫)라 말하니 일개 필부인 폭군 주(紂)라는 인간을 죽였다는 말을 들었으나,

---

01 湯淺邦弘(1999).
02 "六國回辟, 貪戾無厭, 虐殺不已。皇帝哀眾, 遂發討師, 奮揚武德。義誅信行, 威燀旁達, 莫不賓服。烹滅彊暴, 振救黔首, 周定四極"．『史記』,「秦始皇本紀」.

군주를 시해했다는 말은 듣지 못하였습니다"[03]라고 답변한 『맹자』의 '왕도의병설'과 매우 유사한 논법을 갖고 있다. 요약하면, 각석 비문은 진시황제의 군사행동을 부국강병을 목적으로 한 침략행위가 아니라 덕이 있는 왕자에게 허락된 의전(義戰)이라 주장하고 있는 것이다.

그렇다면 진은 경이적인 군사력을 배경으로 천하를 통일했음에도 불구하고 불과 17년 만에 붕괴된 것은 무엇때문인가? 「과진론(過秦論)」을 저술한 한대의 정치가 가의(賈誼)는 진의 멸망 원인에 대해서 "일개 필부가 난을 일으켜 칠묘(七廟)[04]가 무너지고 천자가 타인의 손에 죽임을 당하여 천하의 웃음거리가 된 것은 무엇 때문인가? 인의(仁義)를 베풀지 않고 천하를 탈취할 때와 천하를 지킬 때의 정세가 달랐기 때문이다"[05]라고 주장했다. 또한 가의는 전국시대의 혼란한 상황에서 백성들이 자신들의 생존과 안녕을 위해 기꺼이 시황제를 따랐다고 하면서,[06] 진이 장기적인 정권안정을 위해서는 통일 이후의 통치행태를 달리했어야 했는데, 진에서 그와 같은 성찰이 부족했음을 다음과 같이 비판했다.

무릇 겸병하는 때에는 사력(詐力)을 귀하게 여기지만, 안정되었을 때에는 순권(順權)을 귀하게 여긴다. 이것은 천하를 취하는 것과 지키는 것의 방법을 같이해서는 안 됨을 말한다. 진나라는 전국시대를 거쳐 천하에 왕이 되었음에도 그 방법을 바꾸지 않고 그

---

03 『孟子』,「梁惠王下」.

04 효공(孝公)에서부터 시황제까지의 종묘를 가리킨다.

05 "一夫作難而七廟墮, 身死人手, 為天下笑者, 何也？仁義不施而攻守之勢異也". 『史記』,「秦始皇本紀」.

06 "今秦南面而王天下, 是上有天子也。既元元之民冀得安其性命, 莫不虛心而仰上". 『史記』,「秦始皇本紀」.

정치를 새롭게 하지 않았다. 이는 천하를 취한 방법이 천하를 지키는 방법과 다름이 없었던 것이다.[07]

여기서 가의는 전국을 통일할 때는 '사력'을 중시하지만, 정권의 장기적인 집권을 위해서는 '순권'을 중시해야 한다고 주장하고 있다. 가의는 전국을 통일해가는 과정에서 진의 방법은 인정하지만, 통일 이후 정권의 안정을 위해서는 방법을 달리했어야 한다고 주장하고 있는 것이다. 즉, 가의는 전국시대 천하를 통일한 시황제의 방법과 업적을 일부 인정했지만, 통일 후의 통치 방식에 대해서는 매우 비판적인 인식을 갖고 있었던 것이다.

한고조도 진이 멸망한 것은 시황제의 탄압정책이 민중의 강한 반감을 산 결과임을 인식하고 자유방임정책을 취하도록 유념했다. 그는 처음 관중(關中) 땅에 들어갔을 때 유명한 약법삼장(約法三章)을 공표했다. 법삼장은 "사람을 죽인 자는 사형, 사람을 상해한 자 및 도적질을 한 자는 각각 해당하는 형벌에 처한다"는 것으로, 그 이외의 법률을 두지 않는다는 것이다. 이는 "대국을 다스리는 것은 작은 생선을 삶는 것과 같다"며 자꾸 손대지 않고 그대로 놔두는 편이 낫다는 노자의 사고방식에 따른 것이었다.[08]

한 초기에는 황로(黃老)사상이 유행했다. '황로'란 황제(黃帝)와 노자(老子)의 합성어로, 고대를 존중하는 관념이 강한 중국에서는 전통적으로 그 학설이나 기술에 권위를 붙이기 위해 그 기원을 옛 시대의 위인과 결부시

---

07 "夫并兼者高 詐力, 安定者貴順權, 此言取與守不同術也。秦離戰國而王天下, 其道不易, 其政不改, 是其所以取之守之者(無)異也". 『史記』, 「秦始皇本紀」.

08 모리 미키사부로, 조병한 옮김, 『중국 사상사』(서울: 서커스, 2015), 213쪽.

키는 경향이 있다. 황로사상에 관해서는 『사기』의 저자이자, 사마천의 부친 사마담(司馬談)이 지은 『육가요지(六家要旨)』에 그 평가가 잘 나와 있다. 이에 따르면, 음양가·유가·묵가·법가·명가는 각각 일장일단이 있지만, 홀로 도가는 이들 오가의 장점을 겸비하고, 더욱이 간이(簡易)하고 요점을 얻어 무위(無爲)이면서 하지 않음이 없는 만능의 용도를 지녔으니 가장 우수한 것이라고 상찬하고 있다.[09] 도가 사상에 대한 사마담의 이 평가는 무제에 이르기까지 한 초기 일반 지식인의 평가를 대표한다고 할 수 있을 것이다.[10] 실제 한 초기에는 문제 때 재상을 지냈던 진평(陳平), 황실 일족인 유덕(劉德), 그리고 두태후(竇太后) 등 황로사상을 따르는 자가 많았다. 특히 문제의 황후인 두태후는 열성적인 황로사상의 애호자로 그 아들인 경제에서 손자인 무제시대의 초년에 이르기까지 영향력을 갖고 있었다.[11] 한 초기 황로사상의 유행은 여러 요인이 있겠지만 전국시대로부터 한의 성립까지 장기간 수많은 전쟁으로 인한 폐해와 진의 극단적인 법치주의 시행에 대한 반성이 영향을 미쳤을 것으로 생각된다.

이처럼 진 제국의 붕괴는 한 초기에 법가사상에 대한 심각한 반성을 불러일으켰다. 그렇다면 한 초기의 정치사상가들은 전쟁을 어떻게 인식하고 있었을까? 이것은 진제국의 전쟁관이 한제국의 전쟁관으로 변화되는 과도기적 시대의 모습을 잘 관찰할 수 있게 해준다. 중국을 재통일한 한고조 유방으로서는 통일 왕국을 어떻게 통치해나갈 것인가에 대해 깊이 고민하지 않을 수 없었을 것이다. 진의 멸망 원인과 한의 흥한 원인에

---

09 『史記』, 「太史公自序」.

10 모리 미키사부로, 조병한 옮김(2015), 217쪽.

11 張星九, 『中國政治思想史』(上海: 復旦大學出版社, 2017), 135~136쪽.

대한 한고조의 물음에 한 초의 정치가 육가(陸賈)는 "만약 진나라가 천하를 병합한 후 인의를 행하고 고대 성인을 본받았다면, 폐하가 어떻게 천하를 얻을 수 있었겠습니까?"[12]와 같이 반문한다. 그리고 '무(武)'로써 천하를 통일한 진이 만일 평정한 천하를 '문(文)'으로써 통치하였다면, 한 제국의 성립은 없었다고 지적한다. 그리고 그는 "문무 병용은 오래된 치국의 술(術)입니다"[13]라고 하며 유방에게 통치의 술로서 문과 무를 절충할 것을 주장한다. 또 다른 정치가인 누경(婁敬)은 "천하가 주왕에게 입조하지 않고, 주왕 또한 그들을 제어할 수 없습니다. 덕이 적어서가 아니라 힘이 약하기 때문입니다"[14]와 같이 '덕'과 '힘'의 겸비를 주장하고, '힘'을 동반하지 않는 관념적인 덕치주의를 멀리한다.

문·경제시대의 관료인 조조(鼂錯)는 "이 오패가 덕으로써 천하를 바로잡고, 위세로써 제후들을 교정하였기에 공훈과 업적이 심히 아름다웠고, 명성은 찬란히 빛났던 것입니다"[15]와 같이 '위세'와 '덕'의 병용을 주장했다. 그리고 조조는 문제 11년 흉노가 적도(狄道, 지금의 농서군 적도현)를 침범했을 때 다음과 같은 군사적 대응책을 상언한다.

> 병(兵)은 흉기이지만 전쟁은 위급한 일입니다. 큰 것이 작은 것이 되고 강한 것이 약한 것이 되는 것은 순식간의 일입니다. 무릇 사람이 죽을 각오로 승리를 다투고도

---

12 "鄕使秦以并天下, 行仁義, 法先聖, 陛下安得而有之?". 『漢書』, 「陸賈傳」.

13 "且湯武逆取而以順守之, 文武並用, 長久之術也". 『漢書』, 「陸賈傳」.

14 "天下莫朝周, 周不能制。非德薄, 形勢弱也". 『漢書』, 「婁敬傳」.

15 "此五伯之所以德正天下, 威正諸侯, 功業甚大, 名聲章明". 『漢書』, 「鼂錯傳」.

4장 전한의 통치이념과 군사사상

르쳐 부진하면, 이를 후회해도 소용이 없습니다. 제왕의 도는 만전을 기하는 것입니다.[16]

　조조는 '병(兵)', 즉 군대가 흉기이기는 하지만 전쟁은 '위급한 일(危事)'로써 큰 것을 작게 만들거나 강한 것을 약하게 만들 수 있다고 주장한다. 그래서 제왕은 전쟁을 결정함에 있어서 심사숙고해야 함을 강조하고 있다. 조조는 흉노의 침입이 있었지만 이에 대해 전쟁을 일으켜 승리하지 못한다면 영토를 빼앗기거나 국력이 약해지므로 매우 신중하게 결정할 것을 조언하고 있다. 조조는 한의 통치에 있어서 문과 무의 병용을 주장했음에도 불구하고, 전쟁의 결과가 국가의 흥망성쇠와 직접적인 관련이 있기 때문에 매우 신중한 입장을 취했다.

　그렇다면 법가의 법치주의와 유가의 인치주의(왕도정치)는 병립 가능한 것인가라는 것이 문제가 된다. 맹자(孟子)는 왕도정치가 쇠퇴해 가는 춘추시대의 상황을 파악하여 "춘추에 의로운 전쟁은 없다"[17]고 언명했다. 앞서 언급했듯이 분명히 『좌전』에 남겨진 수많은 전쟁 기록은 "윗사람(천자)이 아랫사람(제후)을 치"[18]는 정의로운 전쟁인 '정(征)'이 아니라, 제후가 서로를 공격하는 침략전쟁의 양상을 전하는 내용으로 이루어져 있다. 전국시대를 거치면서 통치이념과 전쟁에 대한 인식 면에서 공자·맹자시대의 '의전(義戰)'과는 상당히 다른 모습을 띠고 있는 것이다. 이와 관련해 한나라 초기 공자·맹자시대로의 회귀에 관한 논쟁에서 "숙손통(叔孫通)이

16　"雖然, 兵, 凶器; 戰, 危事也. 以大為小, 以彊為弱, 在俛卬之間耳. 夫以人之死爭勝, 跌而不振, 則悔之亡及也. 帝王之道, 出於萬全". 『漢書』, 「爰盎鼂錯傳」.

17　『孟子』, 「盡心篇」.

18　『孟子』, 「盡心篇」.

웃으면서 '당신들은 정말 진부한 책벌레들로서 세상의 변화를 알지 못한다'라고 말하였다"[19]에서 알 수 있는 바와 같이 한 초기에 선진 유가사상으로의 회귀는 이미 시대의 요청과는 크게 동떨어진 입장이었다는 것을 확인할 수 있다. 즉, 한 대의 유가는 이미 선진 유가와는 다른 모습으로 변용되어 있었던 것이다.

한 초기의 정치사상가들이 오로지 법치주의를 내세워 맹진한 진의 모습에 전혀 위기감을 품지 않은 것은 아니었을 것이다. 하지만 한나라 초기의 사상계는 '문무병용'과 '유법절충'이라는 개념으로 부분적이기는 하지만 진제국의 군사와 법치체계를 수용하고 있었다. 예를 들어, 숙손통이 "신은 고대의 예제와 진나라의 의식을 받아들여 그것을 참조하여 제정하기를 원합니다"[20]라고 하듯이 한 초기에 부분적으로 '진의 의식'을 채용할 것을 명확히 주장하고 있다. 그러므로 한나라 초기의 사상계에는 진제국의 유산이 모두 사라진 것이 아니라 오히려 한나라 초기의 사상계에 교묘하게 스며들어 갔다고 보아야 한다.[21] 아울러 한 초기에 유가의 통치이념도 선진 유가의 회귀가 아니라 시대적 흐름에 따라 새로운 방식으로 진화되어 있었다.

요약하면, 진의 법치주의가 한의 정치가들에 위해 집중적인 비판의 대상이 되었고, 또한 진 제국의 멸망을 그들이 교훈으로 삼지 않은 것은 아니었지만, 무를 기반으로 한 진의 법치주의가 모두 폐기된 것은 아니었다. 한 초기의 사상계 또한 왕도 정치를 추구한 선진 유가사상으로 회귀

---

19 "通笑曰: '若真鄙儒, 不知時變'". 『漢書』, 「叔孫通傳」.
20 "臣願頗采古禮與 秦儀雜就之". 『漢書』, 「叔孫通傳」.
21 湯淺邦弘(1999), 228쪽.

4장 전한의 통치이념과 군사사상

가 아니라 진의 법치주의를 일부 계승하면서도 나름의 시대적 요청에 따라 변용되어 가고 있었다. 따라서 한 초기에는 당시의 현실에 적합한 통치이념과 전쟁관을 만들어 나가고 있는 과정에 있었다고 보아야 한다. 이 점은 한 초기 전쟁을 적극적으로 부정한 황로사상이 이후 왜 유가사상에 자리를 넘겨주게 되었는지, 한무제가 유교의 사상적 기반을 근거로 국가를 통치하면서 주변국가의 침략전쟁을 어떻게 정당화시켰는지에 대한 이해에 도움이 된다.

2. 전한의 군대와 군사력 건설

농경민족인 한과 유목민족인 흉노의 대립은 북과 남에서 각각 팽창해나
가고 있던 두 제국의 불가피한 대결이었을 것이다. 진제국이 멸망해 갈
무렵 북방의 초원지대에는 유목민 흉노가 묵특선우(冒頓單于)의 통솔 아래
강력한 유목제국을 형성하고 있었다. 묵특선우는 동몽골·남만주 일대,
그리고 서쪽으로 감숙성 일대의 월지를 정벌하여 전례 없는 유목 제국을
건설했다. 몽골을 중심으로 광대한 제국을 형성한 묵특선우는 동·서·북
의 삼면에서 한 제국을 포위하고 남진을 개시하여 진대에 상실한 하남지
역을 전부 회복하고, 동북의 연(燕)·대(代) 등지를 침공했다. 한편, 남쪽 중
원에서는 한고조 유방이 강적 항우를 물리치고 중국을 재통일했고, 그 통
일의 여세를 몰아 흉노를 직접 정벌하려 했다. 기원전 200년 흉노의 묵특
선우는 40만 명의 기병부대를 이끌고 남하했고, 한의 유방은 32만 명의
보병부대를 이끌고 북상하여 지금의 산서성 대동현(大同縣) 부근에서 조우
했다. 결과적으로 유방이 묵특선우에게 패하면서,[22] 한은 흉노에 대한 무
력 도전을 포기하고 흉노와 화의를 맺었다.

그러나 80여 년 후 무제 때에 이르러 한은 흉노에 대한 적극적인 공
세작전을 전개해 흉노를 고비사막 이북으로 몰아낸다. 한 초기 군사력에

---

22 『漢書』, 「匈奴傳」.

서 상대적인 열세에 있었던 한은 어떻게 군사강국이 되었을까? 이하에서는 한의 군제와 전쟁수행방식의 검토를 통해 한이 군사강국으로 성장했던 그 배경과 대흉노전의 전략·전술적 특성을 살펴보도록 하겠다.

한나라 역시 진에 이어 중앙집권화된 정치체제와 그에 상응한 군사제도를 운영했다. 물론 한 초기 군현제와 봉건제를 병용하는 군국제도(郡國制度)를 실시함으로써 중앙지배권이 진나라 때보다는 약화되어 있었다. 실제 한 초기 황제의 직할지가 15군이었는데 비해, 제후왕국은 30여 군이었다. 하지만 이성제후왕들에 대해서는 고조 때 이미 일정한 조치가 취해져 거의 제거되었고, 국가권력이 어느 정도 안정된 문제·경제시대부터는 동성제후왕국에 대한 억압책을 실시해 봉지삭감정책을 추진했다. 나아가 무제 때에는 제후국의 분할상속을 허가한 유명한 추은령(推恩令)이 공표되어 한나라는 형식상 군국제였지만, 실제로는 군현제도와 같은 중앙집권적 체제를 갖추게 되었다.[23]

먼저 한의 중앙정부 조직을 살펴보면, 진대와 마찬가지로 중앙의 최고 관직으로 승상(丞相)·어사대부(御史大夫)·태위(太尉)를 두었다. 승상의 직책은 행정의 최고 책임자로서 황제를 보좌하여 국정업무를 총괄하는 관직이었고, 어사대부는 관료들에 대한 감찰과 탄핵하는 관직이었으며, 태위는 군사를 총괄하는 관직이었다. 태위는 명분상으로 최고 군사장관이었지만 군사행정만을 책임지고 군사를 동원하거나 지휘하는 실제적인 권한은 없었다. 태위는 무제 때 폐지된 것으로 보이며, 대사마(大司馬)로 개칭되

---

23 동양사학회 편, 『개관 동양사』(서울: 지식산업사, 2000), 48쪽.

었고 장군의 칭호를 받기도 했다.[24] 한 대에 정부 기구로서 완전한 장군부가 설치되지는 않았다. 장군은 군사작전의 필요에 따라 임시로 임명되었으며, 표기장군(驃騎將軍)·거기장군(車騎將軍)·위장군(衛將軍) 등이 있었다. 그 아래에는 상장군·유격장군·이사장군 등이 있어서 부대를 지휘하고 작전 임무를 수행했다.[25]

한의 군대는 중앙군과 지방군으로 구성되었다. 중앙군은 궁성과 경성을 경비하는 중앙경위부대로 낭중령(郎中令)이 통솔하여 황제의 시위를 담당했던 성전위군(省殿衛軍)과, 위위(衛尉)가 통솔하여 궁성(宮城)의 경비를 담당했던 궁성위사(宮城衛士), 그리고 중위(中尉)가 통솔하여 경성(京城)의 경비를 담당하던 경사둔병(京師屯兵)으로 구성되었다.[26] 지방군은 군국병(郡國兵)제도로 군수(郡守)·군위(郡尉)·도위(都尉)가 주둔지의 병력을 지휘통솔하였고, 각 현(縣)·주(州)에도 소수의 부대가 주둔하였다. 군국병의 징발과 동원에 관한 일체의 권한은 중앙의 조정이 가지고 있었고, 지방군에 대한 통제권도 무제 때에 중앙정부가 완전히 장악했다.[27] 이것은 무제 때에 이르러서는 한의 왕실이 중앙뿐만 아니라 지방의 행정과 군사를 완전히 통제하고 있었다는 것을 보여준다.

다음은 한군의 지휘와 편제이다. 한의 군사편제는 진의 부곡제(部曲制)를 토대로 한 것이었다. 부곡제는 상급부대인 부(部)와 하급부대인 곡(曲)으로 편성된 체제이다. 부−곡 아래에는 둔(屯) − 대(隊) − 십(什) − 오(伍)의 체계

---

24 이춘식(2007), 297~299쪽.

25 Frank A. Kierman, Jr. and John K. Fairbank(1976), p. 88.

26 劉昭祥 主編, 『中國軍事制度史: 軍事組織體制編制卷』(鄭州: 大象出版社, 1997), 118쪽.

27 백기인, 『중국군사제도사』(서울: 국방군사연구소, 1990), 74~75쪽.

를 갖추고 있었다. 대장군은 5부를 지휘했고, 부를 통솔한 지휘관은 교위(校尉)였으며, 곡을 통솔한 지휘관은 군후(軍候)였다. 그 예하로는 둔(屯)·관(官) – 대(隊) – 십(什) – 오(伍)가 있었으며, 각각의 부대는 둔장(屯長) – 대솔(隊率)·대리(隊史) – 십장(什長) – 오장(伍長)이 차례로 부대를 통솔하였다.[28] 이와 같은 편제는 평시에 유지되었고, 전시가 되면 황제가 임명한 장군이 부대를 통솔하여 출정했다. 이러한 한의 전·평시 군대 편성은 황제가 총지휘관을 임명하여 중앙 집권을 실현하면서도 기존의 행정체제를 활용하여 최대한 효율적으로 군대를 운용하려 했던 것으로 여겨진다.

무제는 흉노와의 전쟁 때에 빈번히 50,000~100,000명의 병력을 동원했다. 기원전 218년 한니발이 4만 명의 병력으로 10만 명의 로마군을 상대했던 동시대의 유럽과 비교하면, 한의 군대 규모는 유럽의 군대에 비해 그 규모가 결코 적지 않았다는 것을 알 수 있다. 그리고 당시 한니발이 로마원정을 갔을 때 병력 부족과 군수지원 등의 심각한 문제점들을 갖고 있었다는 점을 감안하면, 흉노와의 전역에서 수차례 원정을 단행했던 농경민족인 한나라가 어떻게 이러한 문제점들을 극복했는지 의문이 든다.

한의 동원제도는 기본적으로 진에서 이어받은 군·현 행정단위를 토대로 한 징병제였다. 일반적으로 23~56세(일부 시대는 20~56세)가 된 남자들은 2년의 복무 의무가 있었다. 1년은 고향의 군에서 훈련 및 복무하였고, 나머지 1년은 수도나 변경에서 근무했다. 병역의 의무를 다한 남자는 예비역으로 전환되었고, 고향으로 돌아가 생업에 종사하면서 유사시에 수시로 징발되었다. 징집된 대부분의 남자들은 보병으로 훈련받았

---

28 劉昭祥 主編(1997), 153~154쪽.

지만, 특정 지역(한나라 소속이 아닌 변경 부족도 포함)의 남자들은 기병이나 수군으로 징집되었다. 징집된 남자들은 변경에서 변방수비나 농경지원 등 다양한 임무를 수행했다.[29] 불행히도 당시 한의 군대 규모가 어느 정도였는지에 대한 정확한 기록은 남아 있지 않다. 마이클 로에베(Michael Loewe)는 기원후 1~2년의 기록을 가지고 당시 한군은 28만 8,357명~115만 3,428명의 규모였을 것으로 판단했다.[30] 물론 이 숫자는 지방군까지 포함한 전체의 병력 규모이며, 특정 전역에 출정한 군대 규모는 훨씬 적었을 것이다.

흉노와의 원정은 매우 큰 위험이 따랐고 또한 대부분의 전투가 기병 위주로 진행되었기 때문에 원정작전을 위한 병력 보충은 쉽지 않았을 것이다. 한무제는 원정에 필요한 병력을 징집 외에도 다른 방식으로도 충원했다. 기록에는 범죄자들을 징발하여 군대에 편입시켰던 사례가 있으며,[31] 흉노와의 전쟁으로 인해 기병이 더욱 많이 필요해짐에 따라 아직 중국식 생활양식에 완전히 동화되지 않았던 인접 지역의 주민들을 모병하여 기병의 임무를 수행하게 한 적도 있었다.[32] 이러한 방법은 전투로 인한 기병 손실을 메우기 위해 한으로서는 불가피한 선택이었을 것이다. 하지만 다른 부족으로부터 기병을 충원한 것은 전투력의 공백을 빠르게 메울 수 있다는 장점이 있었지만, 그 부대의 유지를 위해서는 국가가 그 비용

---

29 王曉衛 主編, 『中國軍事制度史: 兵役制度卷』(鄭州: 大象出版社, 1997), 102쪽; Frank A. Kierman, Jr. and John K. Fairbank ed.(1974), p. 91.

30 Michael Loewe, Everyday Life in Early Imperial China (London, Batsford, 1968), p. 167.

31 王曉衛 主編(1997), 118쪽.

32 Frank A. Kierman, Jr. and John K. Fairbank ed.(1974).

4장 전한의 통치이념과 군사사상

을 모두 부담해야 하는 단점이 있었다. 그로 인해 백성들의 조세 부담이 늘어날 수밖에 없었으며, 그 부대들의 충성도 또한 확신할 수 없었다.

한에서 운용된 병종은 차병(車兵), 기병, 보병, 수군 등 4종이었다. 한대의 전쟁에서 가장 큰 변화를 가져왔던 병종은 기병이었다. 전국시대 보병의 보조 역할을 하던 기병은 진대와 초한 내전 시기를 거치면서 전장에서 점점 중요해졌고, 흉노와의 전쟁에서는 핵심 병종으로 대두되었다. 한군의 기병은 중기병과 경기병으로 구성되었다. 중기병은 강력한 충격력을 이용하여 적진을 공략하는 임무를 맡았으며 갑옷 등 중무장을 갖췄다. 이에 비해 경기병은 장거리를 이동하여 적을 습격하는 임무를 수행했으며, 기사는 갑옷을 착용하지 않고 무기도 비교적 가벼운 것만을 휴대하였다. 린 화이트(Lynn White)는 당시 등좌에 관한 연구에서 전쟁사에서 말을 사용하는 방법으로 전차, 무릎의 압력으로 몸을 지탱한 기사, 등좌를 장착한 기사 세 가지 유형이 있었다고 지적했다.[33] 무제 시기에 기병 전투에서 진차를 사용한 것은 분명해 보이지만, 등좌가 일반적으로 사용되었는지 판단할만한 충분한 증거는 아직 발견되지 않았다.[34]

한의 입장에서 기병 위주인 흉노와의 전투에 대비하기 위해서 한군 기병대의 강화는 불가피한 것이었다. 한은 대규모 기병대의 보유가 절실했다. 특히, 장기간 지속된 대흉노전에서 기병대의 성공여부는 기병대를 지속적으로 유지시킬 수 있는가였고, 그 핵심은 충분한 군마의 확보 여부였다. 전통적으로 중국은 유목민족의 변경 시장에서 말을 수입했지만, 외

33　Lynn White, *Medial Technology and Social Change* (London: Oxford University Press, 1962), p. 1
34　黃克武 主編, 『軍事組織與戰爭』(臺北: 中央研究員近代史研究所, 2001), 56쪽; Frank A. Kierman, Jr. and John K. Fairbank ed.(1974), p. 100.

부에서 말을 수입하는 데에는 한계가 있었다. 전시에 군대가 말을 확보할 수 없는 상황을 초래할 수도 있었던 것이다. 한의 초기 황제들은 이 문제를 해결하기 위해 북방 변경과 가까운 지역에서 말을 기르기 시작했던 것으로 보인다. 정책적으로도, 기원전 178년 문제 때에 한의 정치가인 조조는 군마 1필을 사육하는 데 3명의 요역을 면제해주는 이른바 '마복령(馬復令)' 정책을 수립 건의해 민간의 말 사육을 권장했다.[35] 기원전 140년경에 한은 이미 북쪽과 북서쪽 변경의 36개소에서 군마 30만 마리를 사육하고 있었다.[36]

하지만 군마가 확보되었다고 해서 유능한 기병부대가 바로 만들어지는 것은 아니다. 기사들이 말 위에서 활을 쏘는 기술 등을 포함해 여타 마상 기술을 익히도록 훈련시켜야 했다. 중국에서 기병의 등장은 전국시대 조나라의 무령왕(武靈王; 기원전 325~299)이 북방 유목민족을 본따 조직한 '호복기사(胡服騎射)'라는 기병부대에 근원을 두고 있다.[37] 따라서 당시의 한군은 이미 기본적인 기마전술을 숙달하고 있었던 것으로 보인다. 하지만 전반적인 기마부대의 규모와 전투력 면에서 흉노에 비해서는 상당히 열세했을 것으로 보인다. 무제는 흉노와 대적하기 위해 이러한 기병부대를 확대 조직했다. 후술하겠지만 기원전 129년에 이르러서는 한의 기병대는 독립적인 전투부대로 성장했고, 대흉노 원정군의 핵심이 되었다.

보병은 기병에 비하면 급진적인 발전은 없었다. 하지만 야금이나 주조기술의 향상으로 철병기의 사용이 증대됨에 따라 한군 보병의 전투력

---

35 『漢書』,「渠犂」.

36 Frank A. Kierman, Jr. and John K. Fairbank ed.(1974), p. 98.

37 高銳 外(2000), 166~168쪽.

4장 전한의 통치이념과 군사사상

도 향상되었다. 원정작전에 있어서 기병의 역할이 중요했지만, 전방 방어선의 요새를 지키고 기병과의 협동작전을 수행하는 데 보병의 역할도 여전히 중요했다. 한군은 철판을 댄 갑주를 도입하여 개개인의 방호력을 크게 개선했다. 철 갑주는 이전에 사용된 구리 갑옷 및 금속 투구를 대체했다. 또한 한군은 쇠뇌를 발전시켜 공격력을 강화했다. 한군은 한 번에 여러 발을 발사 할 수 있는 다련장 쇠뇌와 연속해서 발사 할 수 있는 연발쇠뇌를 개발했고, 정밀한 방아쇠도 개발했다. 한군의 쇠뇌는 유목민의 활보다 큰 위력을 발휘했을 것이며, 유목민은 조직화된 한군과의 싸움에서 열세에 처했을 것이다.

한편, 한 무제가 대흉노전을 실시함에 있어서 동원된 많은 병력에게 안정적인 군량을 수송·보급하는 문제는 원정 전에 해결해야 할 전제 조건이었다. 수도 장안에서 변경까지의 거리가 너무 멀었기 때문에 모든 군량을 중앙에서 수송하기란 어려웠다. 한의 정치가와 군사가들은 이 문제를 어떻게 해결했을까? 한의 관료들은 변경이나 군사 요충지에 둔전(屯田)을 실시함으로써 이 문제를 해결하려 했다. 이미 문제 때에 농사를 지을 수 있는 사람들을 변경으로 이주시켜 경작을 장려하는 둔전책을 실시했다.[38] 둔전은 일반 백성을 변경으로 이주시켜 농업 생산에 종사하는 방식과 변경의 병력이 주둔하면서 직접 경작을 하는 방식이 혼용되었다. 둔전은 주둔 군대 유지와 원정작전에 필요한 군량을 공급했을 뿐만 아니라 지역에 따라서는 변경지역의 경제적인 발전을 촉진시키는 역할도 했다.[39]

---

38   劉昭祥 主編(1997), 143~144쪽.
39   백기인(1998), 88쪽.

3. 전한-흉노의 전쟁

앞서 살펴본 바와 같이 한 초기 추은령 등의 시행으로 중앙정부에 도전할 독립적 지방세력이 거의 소멸되고, 문제와 경제시대의 장기적 안정에 의한 국력 축적, 그리고 군사력 강화를 통한 실질적인 힘의 확보는 한무제에게 보다 적극적인 대외정책을 시행할 수 있는 여건을 만들어 주었다. 기원전 134년, 밀무역을 구실로 흉노의 군신선우를 마읍(馬邑)으로 유인하여 생포하려 했던 계획이 실패하자 한과 흉노의 관계는 급격히 악화되었다. 이후 변경에서 흉노의 침탈은 증가했고, 이에 무제는 보다 적극적으로 흉노에 대응한다. 나아가 무제는 흉노를 유인하여 타격을 가하는 종래의 전략을 버리고 고비사막에 진입하여 흉노를 직접 공략하는 전략을 채택한다. 동시에 무제는 장건(張騫)을 서역에 사신으로 파견하여 흉노와 적대시했던 국가들과의 동맹전략도 추진했다.

무제의 대흉노전은 그의 재위 40여 년간 총 14차례 발생했다. 가장 중요했던 전역은 기원전 129년부터 기원전 119년까지 10여 년간이다. 이 전역들에 대한 세부내용들은 몇몇 연구서에 상세히 소개되어 있으므로 각각의 구체적인 내용은 생략하고,[40] 여기서는 한군의 전략·전술적 특성

---

40 전한과 흉노의 전쟁에 관해서는 다음 저서들을 참조. 宋超, 『匈奴戰爭三百年』(北京: 華夏出版社, 1996); 賈文麗, 『漢代河西經略使』(北京: 中國社會科學出版社, 2017).

을 파악할 수 있는 몇몇 전역들에 대해서만 언급하고자 한다.

무제는 기원전 129년에 흉노에 대한 공격작전을 개시했다. 한이 공세적으로 나오자 흉노도 이에 대응하여 2년 후인 기원전 127년 한의 요서(遼西)를 침입하여 태수를 살해하는 등 강력한 보복작전을 시행했다. 이에 무제는 침략한 흉노를 격퇴함과 동시에 흉노에 대한 대규모 우회 포위작전을 구상한다. 일부 부대를 흉노의 정면으로 진격시킴과 동시에 주력인 위청(衛青)과 이식(李息) 부대를 운중으로 북상시키다가 서쪽으로 방향을 전환하여 흉노 우현왕의 증원을 차단하는 한편, 고궐(高闕)에 있던 흉노의 누번왕(樓煩王)과 백양왕(白羊王)을 포위섬멸하려 한 것이다.

이 작전은 성공하여 한군은 고궐의 흉노를 급습하여 흉노족 2,300명을 포획하는 전과를 거두었다.[41] 흉노의 두 왕은 도주했고, 한은 섬서의 오르도스를 수중에 넣었다. 무제는 점령한 이 지역에 새로운 행정구역인 삭방군(朔方軍)을 설치하고, 성벽을 구축하여 방어력을 강화했으며, 한의 주민들을 대거 이주시켜 영구 점령을 꾀했다. 이 전역은 한군이 흉노의 강점을 피하고 약점을 공격하여 성공한 첫 번째 사례가 되었다. 이 작전의 성공은 한군의 기동력이 이전에 비해 비약적으로 발전했다는 것을 보여준다. 나아가 삭방군의 설치는 한에게 전략적인 이점을 제공했다. 전초기지를 확보한 한군은 이전보다 적극적인 대흉노전을 전개할 수 있게 되었던 것이다.

기원전 125년부터 기원전 121년까지 한과 흉노의 공방전은 계속됐다. 『한서(漢書)』 「흉노전(匈奴傳)」에는 기원전 121년에 표기장군(驃騎將軍) 곽거병(霍去病)이 1만 명의 기병을 이끌고 농서(隴西)에서 출발하여 1,000리 이상

---

41 『漢書』, 「匈奴傳」.

을 행군하여 언지산(焉支山)을 넘어 흉노를 공격했다는 기록이 나온다. 곽거병은 공손오와 함께 기병을 이끌고 농서와 북지(北地) 북쪽 2,000리 되는 곳까지 공격해 들어갔고, 한군은 거연(居延)을 지나 기련산(祁連山)에서 흉노와 전투하여 3만 명이 넘는 적을 죽이거나 사로잡았다. 이 전역의 성공은 한군의 기병이 흉노를 압도했으며, 한군이 대규모 원정작전능력까지 갖추었음을 보여준다.

그렇지만 고비사막 북쪽의 흉노 주력은 여전히 건재했고, 변경에서 흉노의 침탈도 계속되었다. 지금까지의 대흉노전을 통해 자신감을 갖게 된 무제는 기원전 119년에는 이전보다 더욱 과감한 작전을 시도한다. 무제는 고비사막 북쪽의 흉노의 본거지를 공격하려는 야심찬 원정에 착수했다. 이 원정에는 대량의 보병과 기병 10만 명이 동원되었다. 위청과 곽거병은 각각 기병 5만 명을 지휘했다. 무제는 주력을 셋으로 나누어 좌군은 위청이, 중앙군은 이광이, 우군은 곽거병이 지휘하도록 했다. 곽거병은 정양을 거쳐 바로 북진하여 고비사막의 좌현왕을 공격했고, 위청은 정양에서 출격하여 선우 본대를 공격했으며, 이광은 선우 본대를 우회하여 위청과 함께 협공했다. 이 전역에서 흉노는 큰 타격을 입어 고비사막 북쪽으로 근거지를 옮기지 않을 수 없게 되었다. 이제 하남·하서와 같은 좋은 목초지를 상실한 흉노는 이전과 같은 세력을 회복하기 어려워졌다. 하지만 장기간 지속된 이 전쟁은 한나라에게도 많은 재정적·군사적 피해를 가져와 흉노의 괴멸까지 추구하지는 못했다. 이후 한과 흉노 관계는 소강 상태가 유지됐고, 단발적인 전역만이 발생했다.

한과 흉노의 전쟁은 팽창하던 두 제국의 충돌이었다. 격렬한 전투가 있었던 10여 년 동안 흉노는 20여만 명이 살상당하거나 투항했으며, 한나라 또한 막대한 손실을 입었다.[42] 중국의 사료에 근거한 이러한 숫자는 틀림없이 과장되었을 것이지만,[43] 한과 흉노의 전쟁은 당시 중국의 전쟁양상을 우리에게 잘 알려준다. 우선 전투에 있어서 보병이 주, 기병이 보조하고 있던 전국시대와는 달리 전쟁형태는 기병전 위주로 변화되었다. 전장에서 기병은 주력이 되었고, 보병은 보조적인 역할을 수행한 것이다. 기병이 주전장을 누빔에 따라 작전거리가 상상을 초월할 정도로 늘어났으며, 기병에 의한 습격과 우회, 후방차단 등의 다양한 전술이 사용되었다. 또한 기병을 주력으로 삼은 한군은 기존의 성곽 위주의 방어전에서 벗어나 공세적인 기동전을 수행할 수 있게 되었다. 즉, 기동력이 있는 강력한 기병을 보유한 한군은 성곽을 방어하거나 적을 유인하여 타격을 가하는 종래의 전략을 버리고 적진 깊숙이 들어가 적의 본진을 공략하는 적극적 공세전략을 취한 것이다. 이러한 한의 공세적인 전략은 기존 농경민족의 방어적 전략이나 유가적 전통의 의전(義戰)과는 매우 다른 양상을 보여준다. 한과 흉노의 전쟁 분석을 통해서, 농경민족인 중국은 전통적으로 성곽 위주의 방어적 전략문화를 가지고 있다는 일반화된 전략문화는 하나의 편견이라는 것을 확인할 수 있다.

---

42 『漢書』,「匈奴傳」.

43 흉노와의 전쟁시 중국의 사료에 기록된 병력의 수와 전과(戰果)는 과장된 면이 없지 않다. 불행히도 한무제의 전역에서 싸웠던 병력과 사상자의 수를 정확하게 파악할 증거는 없다. 하지만 관료들의 보고서는 의심의 여지없이 비한족 군대의 숫자를 과장해서 기록했으며, 사가들 또한 한의 업적을 키우기 위해서나 황제의 성공을 자랑하기 위해 한나라 군대의 힘을 과대평가했다. 마틴 윌버(Martin Wilbur)는 전한시기의 사료 중에 실제 병력 규모가 40만 명인데 100만 명으로 기록한 사례를 들면서 중국의 사료에 기록된 수치의 부정확성을 지적했다. Martin Wilbur, *Slavery in China during the Former Han Dynasty*, 206 B.C.~A.D. 25 (Chicago, Field Museum of Natural History), p. 399.

4. 『회남자(淮南子)』의 군사사상

여기서는 『회남자』의 군사사상적 특징을 살펴보고자 한다. 『회남자』는 전한의 회남왕 유안(劉安)이 식객 수천인에게 편찬하게 한 것이다. 내외편 잡록이 있었으나 현재 내편 21권만이 전한다. 이 저서는 춘추전국시대 『손자』·『오자』와 같은 한대의 전문 병서들이 전해지지 않는 점을 감안하면, 그 안에 들어있는 군사에 관한 내용들은 한의 군사사상을 파악하는 데 매우 중요하다. 여기서는 전쟁의 정당성이나 용병술 등 『회남자』에는 어떠한 군사사상적 특징이 담겨있는지 검토해보고자 한다.

앞서 언급한듯이 전국시대 전쟁의 잔학성과 파괴성을 목격한 맹자는 부국강병을 목적으로 한 제국(諸國)의 군사행동은 결코 허용되어서는 안되는 침략전쟁이라 규정하였고, 묵자는 침략을 목적으로 한 공격전은 불의이고 그것을 저지하려는 방어전은 '의(義)'라고 하는 개념을 제시했다. 양육강식의 전국시대에 각국이 생존을 걸고 격렬한 전쟁을 벌이고 있었지만, 지식인들의 전쟁에 대한 인식은 오히려 부정적이었다. 이러한 가운데 한 초기에 저술된 『회남자』에는 '무력(兵)'의 사용에 관한 문제를 어떻게 인식하고 있었을까?

우선 『회남자』 「병략훈(兵略訓)」편에는 다음과 같은 설명이 보인다.

옛날에 군대를 사용하는 자는 토지를 확대시키는 이익을 탐내거나 금과 옥을 탐해 약탈하려는 것이 아니었다. 장차 망하려는 나라를 존속시키고 끊어지는 국가의 후사를 계승시켜 주면 천하의 난을 평정하고 만백성의 해로운 것들을 제거하기 위한 것이었다.[44]

여기서는 군대를 "장차 망하려는 나라를 존속시키고", "천하의 난을 평정하고 만백성의 해로운 것들을 제거하기 위한 것"으로 그 의의를 매우 높이 평가하고 있다. 이것은 "왕도를 실현하는 왕은 군대의 도움이 없어도 천하를 복속시킬 수 있다"고[45] 주장하는 순자의 왕도(王道)사상과는 근본적으로 다르다. 오히려 "무릇 군대는 폐지할 수 없는 것으로, 비유하면 마치 물과 불같아서 그것을 잘 이용하면 복이 되지만 잘 이용하지 못하면 화가 된다", "의로운 군대가 천하의 양약이 되는 것은 진실로 크다 하겠다"라 하면서 군대라는 것을 역사적 필연성을 가지고 여러 가지 사회적 요청으로 인해 그 정당성을 지닌 것이라고 설명하는 『여씨춘추』와 더 가깝다.

다음은 『회남자』에 보이는 전쟁관이다. 한 초기는 분열된 중국을 재통일한 시기였다. 이러한 시대적 배경하에서 『회남자』는 전쟁을 어떻게 인식하고 있었는가? 다음 자료에서는 '징벌'적 시야에서 전쟁의 정당성을 주장하고 있다.

전쟁의 유래는 오래되었다. 황제는 일찍이 염제와 싸웠다… 오제때부터 능히 전쟁을

---

44 『淮南子』,「兵略訓」.
45 『荀子』,「議兵篇」.

그만두게 하지 못했는데 하물며 쇠약한 세상에서야? 무릇 전쟁은 포악한 것들을 금지시키고 어지러운 것을 토벌하는 것이다… 죄가 없는 백성들을 죽이고 의가 없는 군주를 양성한다면 해약이 이보다 더 큰 것은 없다… 그러므로 패왕의 군사는 의논하여 생각을 하며 계책을 사용해 도모하며 의로써 붙잡고 존재하는 것을 멸망시키는 것이 아니라 장차 망하려는 것을 보존시키는 것이다. 그러므로 적국의 군주로서 백성들에게 학대를 가하는 자가 있다는 말을 들으면 군사를 일으켜 그 국경에 다가가 불의를 꾸짖고 지나친 행동을 비난한다. 또 군사가 그 교외에 이르면 군사들에게 명령을 내려 말한다.[46]

여기서는 전쟁이 "포악한 것들을 금지시키고 어지러운 것을 토벌하는 것"으로 "죄가 없는 백성들을 죽이고 의가 없는 군주를 양성한다면 해약이 이보다 더 큰 것은 없다"고 하면서 전쟁을 높이 평가하고 있다. 또한 패왕은 폭정을 일삼는 적국의 군주에 대해 군사 시위를 하고 그래도 듣지 않는다면 행동으로 나서야 한다고 촉구하고 있다. 그리고 "백성들은 문을 열어 두고 기다리며 쌀을 일어서 저장해 둔다. 오직 그들이 오지 않는 것을 두려워한다. 이러한 것이 탕왕과 무왕이 왕업을 이루게 한 것이며 제나라 환공이 패업을 성취하게 한 바이다"[47]와 같이 무력을 배경으로 한 신질서의 창건을 정당화한다. 이점은 당시 분열된 중국을 무력으로 재통일한 한에게 필요했던 전쟁의 정당화에 관한 이론적 개념이었을 것이다.

그렇다면 『회남자』에서 전쟁은 무엇을 통해 그 정당성을 보증받고 있

46　『淮南子』,「兵略訓」.
47　『淮南了』,「兵略訓」.

는가? 무력행사의 조건에 대해서 다음과 같은 내용이 있다.

- 군주가 무도한 짓을 하면 백성들은 군사가 이르기를 마치 가뭄에 비를 바라고 목
  마름에 마실 것을 구하는 것처럼 하는 것이다. 대개 누구와 더불어 전쟁을 하고 무
  기로 싸울것인가? 그러므로 의로운 군대가 이르면 싸우지 않고도 마음으로 복종해
  전쟁이 그치게 되는 것이다.[48]
- 이에 호령을 발동시키고 명령을 시행시켜 말한다. "그 나라의 군주는 하늘에 오만
  하고 귀신을 모독하고 죄 없는 자를 옥에 가두고 죄 없는 자를 살해했다. 이것은 하
  늘이 처벌하는 바이고 백성들이 원수로 여기는 바이다. 우리의 군사가 온 것은 불
  의를 폐기하고 다시 덕이 있게 하기 위한 것이다."[49]
- 죄가 없는 백성들을 죽이고 의가 없는 군주를 양성한다면 해악이 이보다 더 큰 것
  은 없는 것이다. 천하의 재물을 다해 한 사람의 욕망을 충족시킨다면 재앙이 이보
  다 더 깊은 것은 없다.[50]

여기에서 '의로운 군대'는 '무도한 군주'를 제거하여 '백성들의 목숨'
을 구하고, "불의를 폐기하고 다시 덕이 있게" 하고, "죄가 없는 백성들을
죽이고 의가 없는 군주"를 없애라는 의병설을 내세운다. 이러한 내용은
바람직한 군사행동은 덕이 있는 왕자에게만 허락된 의전(義戰)이라고 주장
한 '왕도의병설'과 유사하지만, 맹자의 '의병'과는 본질적인 차이가 있다.
「병략훈」편의 다른 내용에는 "그러므로 현명한 왕의 군대 사용은 천하의

48　『淮南子』,「兵略訓」.
49　『淮南子』,「兵略訓」.
50　『淮南子』,「兵略訓」.

해악을 제거하고 모든 백성과 함께 그 이로움을 누리는 것이다"라고 하면서 무력행사를 긍정하는 의병을 주장한다. 또한 「인간훈」편에서는 "네 명의 군주가 유독 인(仁)과 의(義)와 유(儒)와 묵(墨)으로써 망한 것은 시기를 만났을 때 그 시기에 힘써야 할 것과 달랐기 때문이다. 인과 의와 유와 묵을 행하면 안되는 것은 아니지만, 그 세상이 아닌데도 사용하게 되면 포로가 되는 것이다"[51]라고 주장했다. 이처럼 『회남자』의 경우에는 '의병'의 경우이긴 하지만, '덕'이 있는 왕자가 아닌 '현명'한 왕자의 무력 사용을 '의병'으로 제시하고 있다.

마지막으로 검토해 볼 것은 『회남자』의 용병사상이다. 전쟁에서는 어떻게 싸워 이기고, 또한 그것을 위해 병사들을 어떻게 통솔할 것인가의 현실적인 문제와 연결된다. 그렇다면 악행을 일삼는 군주를 징벌한다는 측면에서 『회남자』에는 어떠한 전략적 사고들이 존재하고 있는가?

- 전쟁에서의 승리와 패배는 근본이 정치에 있다. 정치가 그 백성들을 이기면 아래에서 위를 따르게 되어 군사들은 강력해진다. 백성들이 그 정치를 이기면 아래에서 위를 배반하게 되어 군사들은 약해진다.[52]
- 무릇 군대를 사용하는 자는 반드시 조정에서부터 작전을 짠다. 군주는 누가 현명한가, 장군은 누가 능력이 있는가, 백성들은 누구에게 붙겠는가, 국가는 누가 잘 다스리는가, 군량미의 비축은 누가 많은가, 군대는 누가 더 정예병들인가, 갑옷과 병기는 누가 더 예리한가, 기물의 비축은 누가 더 편리한가를 논한다. 이에 조정 안에서

51　『淮南子』,「人間訓」.
52　『淮南子』,「兵略訓」.

운수를 논하고 천리 밖의 승리를 결정하는 것이다.[53]

여기서는 정치가 백성들을 이기면 군사가 강해져 전쟁에서 승리할 수 있다고 하며, 전쟁에서 승리하는 국가는 현명한 군주, 유능한 장군, 올바른 정치, 군대의 정예, 무기와 군량의 준비 등으로 판단할 수 있다고 한다. 이는 전쟁 승리의 본질에 관한 것으로 전쟁에 나가기 이전 '내정'의 안정과 군사력의 정예화를 강조한 대목이라 할 수 있다.

다음으로 전략·전술적 사고이다. 『회남자』에는 다음과 같이 전쟁과 전투에서 어떻게 승리할 것인가에 대한 구체적인 방법론적인 사고를 제시하고 있다.

① 국가를 다스리고 국토를 정비하고 인의를 행하고 덕과 은혜를 베풀고 바른 법을 세우고 사특한 길을 차단하는 것이… 군사를 사용하는 상책이고… 국토는 넓고 백성들은 많으며 군주는 현명하고 장군은 충성하며 국가는 부하고 병력은 강하며 약속은 믿음이 있고 호령은 밝게 하고… 아직 교전을 하고 무기를 겨루는 데 이르지 않았는데도 적병들이 도망치게 하는 것이… 군사를 사용하는 차선책이며, "토지의 마땅한 것을 알고 험준하고 좁음의 이로움을 익힌다. 기습하고 정면공격하는 변화를 익힌다… 해골들이 전쟁터에서 드러난 연후에야 승리를 결정하는" 것이… 군사를 사용하는 하책이다.[54]

② 침묵으로 소란스러운 적과 대치하고, 다스림으로 어지러운 적이 쳐들어 오는 것을

53 『淮南子』,「兵略訓」.
54 『淮南子』,「兵略訓」.

기다리며, 무형으로 유형을 제재하고, 무위로써 변화에 대응하는 것이다. 비록 적에게 승리를 얻지 못한다 하더라도 적도 승리를 얻지 못하는 것이다.[55]

③ 대개 군대를 잘 운용하는 자는 상대방이 혼란스러워졌을 때 공격하고, 다스려졌을 때에는 공격하지 않는다. 이것은 위풍당당한 적군을 습격하지 않고 질서정연한 깃발을 공격하지 않는 것이다.[56]

①은 "인의를 행하고 덕과 은혜를 베풀고 바른 법을 세우고 사특한 길을 차단하는" 것이 군사를 사용하는 상책이고, "군주가 현명하고 장군은 충성하며 국가는 부하고 병력은 강하며 약속은 믿음이 있어", "아직 교전을 하지 않았는데도 적병들이 도망치게 하는" 것이 군사를 사용하는 차선책이며, "기습하고 정면공격하는 변화를 익히는" 것이 군사를 사용하는 하책이라고 주장한다. 이것은 "무릇 용병의 방법은, 적국을 온전히 두고서 굴복시키는 것이 상책이고, 적국을 파괴하고 굴복시키는 것이 차선책이며, 군대를 온전하게 하는 것이 상책이고, 군대를 파괴하는 것이 차선책이다… 그러므로 용병을 잘하는 자는 적군을 굴복시키되 싸우지 않으며, 적의 성을 탈취하되 공격하지 않으며, 적국을 격파하되 오래 끌지 않는다. 반드시 온전하게 천하를 쟁취한다"[57]라고 주장했던 『손자』의 "모공(謀攻)사상"을 방불케 한다. 하지만 내용을 조금 더 자세히 들여다보면 오히려 "왕께서 만일 인정(仁政)을 백성에게 베풀어 형벌을 줄이고 세금을 적게 거둔다면", "진나라와 초나라의 견고한 갑옷과 예리한 병기를 매

---

55 『淮南子』,「兵略訓」.

56 『淮南子』,「兵略訓」.

57 『孫子』,「謀攻篇」.

질하게 할 수 있을 것이다"⁵⁸라고 하는 맹자의 '왕도정치론'과 유사하다.

②·③에서는 "침묵으로 소란스러운 적과 대치하고", "무형으로 유형을 제재하고, 무위로써 변화에 대응한다", "대개 군대를 잘 운용하는 자는 상대방이 혼란스러워졌을 때 공격하고, 다스려졌을 때에는 공격하지 않는다"라고 주장한다. 이는 "전쟁은 기만술이다. 그러므로 공격할 능력이 있어도 없는 것처럼 보이고, 공격할 필요가 있어도 공격할 필요가 없는 것처럼 보이게 한다… 그러므로 적이 준비되지 않은 곳을 공격하고, 의도하지 못한 곳을 공격한다"⁵⁹라며 전쟁을 기본적으로 '궤도(詭道)'로 인식한 『손자』와 유사하다. 『회남자』의 이러한 인식은 당시의 전쟁양상과 밀접한 관련이 있을 것이다. 즉, 전쟁이 과거 전차전이나 보병 위주의 정면대결 양상에서 보병과 기병이 혼합된 복잡한 양상 하에서 보병과 기병이 수행할 수 있는 매복, 우회공격, 양공을 비롯한 다양한 전술이 더욱 많아졌기 때문일 것이다.

마지막으로 『회남자』에서는 장수가 갖추어야 할 덕목들에 대해 매우 상세하게 제시하고 있다.

> ① 어진 장수가 반드시 승리하는 바는 항상 거듭하지 않는 지혜와 말할 수 없는 도를
> 두어서 어렵더라도 모든 병사와 함께 하기 때문이다.⁶⁰
> ② 뛰어난 장수는 반드시 그 몸이 앞장섰다. 더워도 일산을 치지 않았고 추워도 갓옷

---

58 『孟子』, 「梁惠王」

59 『孫子』, 「始計篇」.

60 『淮南子』, 「兵略訓」.

을 입지 않았다. 추위와 더위를 헤아리기 위해서이다.[61]

③ 장수는 반드시 홀로 보고 홀로 알아야 한다. 홀로 본다는 것은 남이 보지 못하는 것을 보는 것이다. 홀로 안다는 것은 남이 알지 못하는 것을 아는 것이다.

④ 군대에서 명령을 많이 내리면 혼란스러워진다. 군대가 혼란스러워지면 항복하거나 패배하게 된다.[62]

①·②는 장수의 자질에 관해 논하고 있다. "어진 장수가 반드시 승리하며", "장수는 솔선수범해야 한다"고 강조하고 있다. 즉 『회남자』에서 바람직한 장군의 상은 전투에서 용맹을 떨치는 장수가 아니라 인의를 바탕으로 덕을 베푸는 장수라 할 수 있다. 이점은 유가적인 색채가 농후하게 배여 있다고 생각된다. 부대를 지휘통솔함에 있어서 상벌로 엄격히 통제하기보다는 덕으로서 통제하려 한다는 점은 법가적이기 보다는 유가적이다. 이는 법가적 특성으로 멸망한 진나라의 통치이념에 대한 반성에서 기인한다고 여겨진다. ③·④는 전쟁 시에 장수가 지켜야 할 사항으로 간첩들에 의한 정보의 누설을 방지하기 위해 획득된 정보를 장수가 혼자 알아야 함을 강조하고 있으며, 군대의 혼란을 방지하기 위해 장수의 명령은 간결해야 한다는 점을 강조하고 있다.

이상에서 『회남자』의 전쟁관과 용병술에 관해 분석해 보았다. 앞서 살펴본 것처럼 『회남자』에서는 병(兵)을 "폭력을 금하고 반란을 토벌하는 것"으로 보았으며, 적국의 군주가 통치를 제대로 하지 못한다면 "그 변경

---

61 『淮南子』,「兵略訓」.
62 『淮南子』,「詮言訓」.

에 가서 불의에 대한 책임을 묻고, 과거 실정을 책망해야 할 것이다"라고 주장한다. 즉 적국의 폭정에 대해서 적극적인 무력행사를 옹호한 것이다. 맹자가 주장한 '병(兵)'은 가치 면에서 왕자의 '덕(德)'보다 하위에 위치하는 데 비해, 『회남자』에서의 '병(兵)'은 "폭력을 금"하고 "반란을 토벌하는 것"으로 그 의의를 매우 높이 평가하고 있다. 물론 『회남자』가 단순히 군사 지상주의를 주장한 것만은 아니었다. 『회남자』에는 유가적인 면도 분명히 존재한다. 전쟁 승패의 본질을 '정치'에서 찾는다거나 바람직한 장수의 상을 무장이 개인적으로 갖추어야 할 '무용(武勇)'보다는 '덕(德)'과 '인의(仁義)'에서 찾는다는 점은 법가적이라기 보다는 유가적이다.

후한의 통치 방식과 군사 사상

1. 후한의 건국과 광무제의 통치방식

왕씨(王氏)에 의한 본격적인 외척정치가 실시되기 이전에 한나라는 황제의 정치가 회복되었으며 대체로 안정되고 평화로운 시기를 유지했다. 그러나 안으로는 여러 가지 왕조 말기적 현상이 나타나고 있었다. 유가사상에 의한 예악 제도의 정비 등 장기간의 평화로 문화는 성숙되었지만, 참위·음양오행설 및 미신이 유행했다. 이 같은 추세 속에서 나이 어리고 무능한 군주가 등극하여 정책적 실책을 거듭하자 결국 외척 출신 왕망(王莽)이 기원 8년에 신(新) 왕조를 설립했다. 이로써 전한 제국은 한 고조 유방이 기원전 206년에 창업한 이래 15대 만에 멸망했다. 유가들이 이상적인 정치형태로 생각하고 있던 선양의 형식을 통해 왕망이 황위를 찬탈했을 때, 이를 적극적으로 반대하는 유가는 없을 정도였다. 왕망의 찬탈은 당시 외척 세력과 유가들과의 정치적 합작과 묵인 속에서 이루어졌다.[01]

유학을 깊이 신봉한 왕망은 『주례』의 정치제도를 모델로 하여 복고적 개혁을 시행했다고 평가받는다. 아울러 '왕'이란 칭호는 오직 통일 군주에 허용했던 존호라고 하여 당시 국내의 제후왕에 부여되었던 '왕'의 칭호를 '공(公)'으로 격하했고, 주변의 이민족 국가들이 사용하고 있던 '왕'의

---

01   이춘식(2007), 392쪽.

칭호도 격하했다.[02] 당시 왕의 칭호를 가지고 있던 주변국은 북방의 흉노 선우, 운남 지방의 구정왕(鉤町王), 고구려왕 및 서역 국가의 왕들이 있었다. 이들은 모두 구정후·고구려후 등으로 강등되었다. 주변국은 이를 대단히 불쾌하게 생각했으며, 북방의 흉노와 고구려는 노골적인 반발을 보이며 신의 변방을 공격하기도 했다.

한편, 왕망은 사회·경제적으로 여러 개혁정책을 시도했다. 그는 전국의 토지를 국가 소유로 하는 토지개혁을 실시했고, 오수전 등의 기존 화폐를 폐하고 새로운 화폐를 만들었으며, 소금·철·술에 국한되었던 국가의 전매대상을 구리와 산택의 물산까지 확대했다. 그러나 왕망의 개혁정책은 모두 실패했다. 토지개혁은 호족세력의 반발을 사 3년 만에 폐지되었고, 잦은 화폐개혁은 오히려 사회의 불안과 혼란을 증대했으며, 전매제도의 확대는 민간 상업 발전을 저해했다. 개혁 실패의 원인은 조직적인 정책 수립과 행정제도 및 이를 담당하고 추진할 노련한 관료가 결여되었기 때문이다. 유가의 복고적이고 추상적인 사상이 왕망의 추진력이었다면, 그가 인선한 사리사욕만 도모하는 탐관오리들은 왕망정권 붕괴의 주요 원인이었다.[03]

왕망의 정치·사회·경제에 걸친 모든 개혁이 실패로 돌아가고, 주변국인 흉노와 고구려가 침략하자 왕망 정권은 치명적인 타격을 받았다. 이때 산동 지방의 농민반란인 적미난(赤眉亂)을 시작으로 지방의 호족들이 연쇄적으로 반란을 일으켰다. 반란군의 공격을 받은 신 왕조는 창건 16년만

---

02 같은 책, 398, 421쪽.

03 魏汝霖·劉仲平,『中國軍事思想史』(台北: 黎明文化事業, 1986(3판)), 137쪽.

인 23년에 왕망의 피살과 함께 멸망했다. 결론적으로 왕망의 신 왕조는 근본주의 유학을 깊이 신봉하여 그에 근거해 중앙 관제·화폐 제도·토지 제도 등 여러 가지 개혁정치를 시도했지만, 오히려 사회의 불안과 혼란을 가중시켰다.

한편, 당시 반란군들은 자칭 제왕 또는 장군을 칭하고 있었는데, 이들을 모두 제압하고 후한 제국을 건설한 이는 하남 남양의 호족출신인 유수(劉秀, 재위 25~57)였다. 그는 전한 경제의 아들 장사왕 유발(劉發)의 후손으로 형 유연과 함께 거병하였고, 거병 초기에는 같은 유씨 출신의 유현(劉玄)의 수하로 들어갔다. 하지만 유연·유수 형제가 공을 세우고 인망이 두터워지자 이를 시기한 유현은 유연을 살해했다. 이에 유수는 극도로 근신하면서 하북의 반란 평정을 기회로 유현으로부터 탈출해 자립해 나갔다. 유수는 25년에 국호를 한(漢), 연호를 건무(建武)라 하고 낙양을 수도로 삼았는데, 이가 곧 광무제(光武帝)이다. 후세의 사가들은 유수의 한을 후한 또는 동한이라 하고, 이전의 한을 전한 또는 서한이라고 했다. 황제가 된 유수는 이후 10여 년간의 전쟁을 통해 모든 세력을 제압하고, 37년 중국을 다시 통일했다.

후한 제국의 정치제도는 기본적으로 왕망시대에 개혁한 제도를 전부 폐지하고 전한시대의 제도로 복귀하는 데 있었다. 먼저 광무제는 한고조가 실시했던 군국제도를 채택하여 공신들을 제후왕과 열후에 봉했다. 다만 제후왕들의 세력을 제한하기 위해 제후왕의 봉읍은 1군을 넘지 않도록 했다. 중앙관제는 전한시대의 관제를 답습하여 3공제도를 부활했다. 3공제도는 대사도(大司徒)·대사공(大司空)·대사마(大司馬)로 구성되었고, 그 위에 태부(太傅)가 있었다. 이 3공제도는 51년에 사도(司徒)·사공(司空)·태위(太

尉)로 그 명칭이 바뀌었다. 3공과 황제와의 관계를 보면, 전한시대에는 승상이 정치를 행했고, 부승상인 어사대부의 협조를 받았으나 대체로 승상이 단독으로 행했다. 그러나 광무제는 일반적인 업무를 3공과 같이 상의했고, 3공도 상주할 일이 있으면 단독으로 하지 않고 3공이 연명하여 황제에게 상주했다.[04] 이것은 이미 지방의 호족세력이 강성해 있었기 때문에 중앙마저 1인 재상에게 너무 많은 권력을 주지 않겠다는 의도였다.

나아가 광무제는 중요한 정책 결정은 3공에 일임하지 않고 황제의 비서격인 상서령(尙書令)에 위임했다. 광무제 시기에 상서령은 황제의 신임을 받아 그 권한이 날로 확대되어갔고, 후한시대의 상서의 기능과 역할은 전한시대의 상서를 훨씬 능가했다. 후한의 상서는 상서대(尙書臺)라고 불렸고 후한 정치의 중심이 되었다. 한편, 광무제는 소부(少府)를 개혁했다. 소부는 전한의 무제 때에 대사농과 더불어 국가의 재정을 관장했는데, 광무제는 소부의 역할을 황실에 봉사하는 기관으로 환원시키고, 국가의 재정 관리는 대사농에 이관시켰다. 요약하면, 광무제는 전한시대의 제도를 복원하면서도 황제의 권한을 강화하는 방향으로 중앙 기구를 개편했다.

후한의 지방 제도 역시 전한시대의 제도를 답습했다. 다만 400여개였던 현의 숫자를 대폭 줄였다. 전한 말기에는 자사(刺史)를 주목(州牧)으로 개칭했는데, 광무제는 주목을 다시 자사로 복원하고 일정 지역을 감찰하게 했다. 자사를 탄핵할 일이 있으면 황제에게 직접 상주하여 탄핵하도록 했는데, 이것은 자사의 권한을 높여 지방행정을 엄격히 감독하려는 데 목적

---

04 이춘식(2007) 407~408쪽

이 있었다.[05] 당시 일반 백성들은 왕망의 실정과 장기간의 전쟁으로 유민화했고, 농촌은 피폐해져 있었다. 이에 광무제는 1/10이었던 조세를 1/30로 변경해 일반 백성들의 조세 부담을 경감시켜 주면서 농업생산의 안정화를 도모했다. 광무제는 노비해방 등 피폐해진 경제를 안정화하는 정책도 강력하게 추진했지만, 지방세력과의 관계에 있어서는 군사적 힘에만 의존하지 않았다. 그는 '유도(柔道)'로써 통치한다는 '인정(仁政)'을 주장하면서 호족과의 충돌을 피하려 했다.[06] 광무제의 농업 안정화 정책과 지방 세력들과의 원만한 타협은 타국을 병합해 부국강병을 추구하기 보다는 백성의 안정화를 최우선으로 생각했던 맹자의 왕도정치를 상기시킨다.

한편, 광무제는 유학 근본주의를 추구한 왕망의 정책들이 모두 실패했음에도 불구하고 유학을 크게 장려했다. 그는 황제가 된 후 태학을 설립하고, 오경박사를 두었으며, 3공을 비롯한 관리들도 유학의 학문적 조예가 깊은 사람으로 채용했다. 특히 절개를 지키는 행실, 즉 절행(節行)을 강조했는데, 왕망이 전한을 찬탈할 때 유가들이 그의 공적을 칭송하면서 찬탈에 협조했던 것을 경계하기 위해서였다. 그 결과 유교적 교양을 지닌 인물이 대거 관리로 등용되었고, 절의를 숭상하는 기풍이 사회 전반에 풍미하였다. 광무제가 유학을 장려한 것은 그가 어려서부터 유학을 학습했던 것과 관련이 있겠지만, 전한시대 황제권 강화의 흐름과도 무관치 않다. 즉, 전한 때 관료를 충원하는 통로의 하나로서 학문을 장려한 것은 세습 귀족가문에 새로운 상층계급을 강화하는 방법이었으므로 황제권의 강화

---

05 같은 책, 408쪽.

06 李健勝, 『流動的權力: 先秦, 秦漢國家統治思想研究』(北京: 中國社會科學出版社, 2018), 210~211쪽.

에 도움이 되었다. 그 결과 전한시대 법가와 유가의 혼합은 군주는 법가주의를, 관료는 유가사상을 선호하는 결과를 가져왔다. 그렇지만 황제가 무력만으로 통치하는 데는 한계가 있었다. 황제들은 신민들에게 황제가 인(仁)과 예(禮)에 대해서 항상 도덕적인 관심을 갖고 있다는 점을 과시하고 싶어 했다.[07] 유학자들은 그 방면에 전문가였고, 그들은 황제의 특권인 의례와 의식을 통해 천자(天子)로서의 황제의 권위를 높이는 데 큰 도움을 주었다. 하지만 후한시대에 시간이 지날수록 유교 도덕은 점차 형식화되었고, 사회적인 명성과 함께 출세를 위한 예교주의가 유행하게 되었다.[08]

그렇다면 분열된 중국을 재통일했으면서도 유학을 장려한 광무제는 군사에 대해서는 어떠한 인식을 갖고 있었을까? 『후한서』에는 다음과 같은 기록이 있다.

> 광무제는 전쟁터에 오래 있었으므로 군사 관련 일을 싫어했고, 또한 천하가 피폐함을 알았으므로, 어깨를 쉬기를 바라고 즐겼다. 농과 촉을 평정한 후로는 아주 위급한 일이 아니면 결코 군대의 일을 입에 올린 적이 없다. 황태자가 일찍이 적을 공격하는 일에 관해 묻자 황제가 말했다. "예전에 위나라 영공이 진(陳)에 대하여 묻자 공자는 답하지 않았다. 이는 네가 힘쓸 바가 아니다."[09]

『후한서』에는 광무제가 오랜 전쟁으로 인해 "군사 관련 일을 싫어했고", "농과 촉을 평정한 후로는 아주 위급한 일이 아니면 결코 군대의 일

---

07 존 킹 페어뱅크·멀 골드만, 김형종·신성곤 옮김, 『신중국사』(서울: 까치글방, 2005), 89쪽.

08 신채식, 『동양사개론』(서울: 삼양사, 2009), 167~168쪽.

09 범엽, 장은수 옮김, 『후한서: 본기』(서울: 새물결출판사, 2014), 138~139쪽.

을 입에 올린 적이 없다"라고 기록하고 있다. 또한, 황태자가 적을 공격하는 일에 관해 문자 광무제는 "예전에 위나라 영공이 진법에 대해 문자, 공자는 답하지 않았다. 이는 네가 힘쓸 바가 아니다"라고 답변했다. 광무제는 분열된 중국을 통일하기 위해 불가피하게 오랫동안 전쟁에 종사해야 했지만, 통일 이후에는 군사보다는 민생의 안정에 힘을 쏟고 싶어했을 것이다. 그래서 군사에 관해 묻는 후계자에게 공자의 표현을 빌려 군사는 몰라도 된다고 강조했던 것이다. 이를 통해 판단해 보면, 광무제의 군사에 대한 인식에는 전쟁을 멀리하는 근본 유교 사상이 내재되어 있는데, 그것은 아마도 오랜 전쟁 경험과 아울러 그가 어렸을 때 공부한 유학이 적지 않게 영향을 미쳤을 것으로 생각된다.

『후한서』의 「광무제기」의 끝에는 다음과 같이 그를 평가하고 있다. "비록 몸은 대업을 이루었으나 또 삼가기가 끝없었으므로, 능히 정치의 핵심을 현명하고 신중하게 살필 수 있었고, 권력의 벼리를 손에 쥐고 거느릴 수 있었으며, 또한 때를 살피고 힘을 헤아렸으므로 일을 일으킬 때 지나침이 없었다. 공신들을 물러나게 하고 문관들을 나오게 했으며, 활과 화살을 거두어들이고 말과 소를 흩어지게 했다. 비록 도가 아직 옛날에는 미치지 못했을지라도 이는 역시 창을 그치게 한 무(武) 덕분이다."[10] 『춘추좌씨전』에 "문자를 풀어보면, 그치다(止)와 창(戈)을 합쳐 무(武)가 된다"[11]라는 구절이 나온다. 광무제에 대한 후세 사관의 평가를 토대로 본다면, 그의 군사에 대한 인식은 기본적으로 전쟁을 확대하는 것이 아닌 그것을

---

10 같은 책, 39쪽.
11 "夫文止戈爲武". 『春秋左氏傳』, 魯宣公 下.

종식하는 것에 있었던 유가적 사고와 유사하다.

광무제는 통일 후 공신들을 물러나게 하고 문신들을 등용해 썼는데, 이는 전한시대의 정치가 가의(賈誼)가 「과진론(過秦論)」에서 "무릇 겸병하는 때에는 사력(詐力)을 귀하게 여기지만, 안정되었을 때에는 순권(順權)을 귀하게 여긴다. 이것은 천하를 취하는 것과 지키는 것의 방법을 같이해서는 안 된다"[12]라고 했던 말을 상기시킨다. 광무제의 통치방식은 맹자가 주장했던 왕도정치와는 동일하다 할 수는 없겠지만, 법가적 패도정치가 아닌 유가적 왕도정치를 추구했다고 보는 것이 타당하다.[13] 광무제의 유학을 핵심으로 한 문치우위의 통치방식은 온화한 대외정책을 펼치는 데 도움이 되었을 것이며, 전쟁을 멀리하여 조세를 경감하는 등의 국내 정책은 백성의 안정을 도모하는 데 기여했을 것이다. 그러나 후술하겠지만, 근본적으로 군사를 멀리하려는 그의 유교적 사고방식은 후한의 군제 변화와 함께 변경의 군사력을 약화해 그의 계승자들이 외부의 침략에 적절히 대응하지 못하는 결과를 가져오게 했다.

---

12 "夫并兼者高 詐力, 安定者貴順權, 此言取與守不同術也。秦離戰國而王天下, 其道不易, 其政不改, 是其所以取之守之者〔無〕異也". 『史記』, 「秦始皇本紀」.

13 李健勝(2018), 208~219쪽.

2. 후한 군제의 변화

앞서 살펴본 바와 같이 후한을 건립한 광무제는 전한 말의 정치 혼란을 교훈으로 삼아 황제권을 강화하기 위해 중앙 행정조직을 정비하고 중앙 군사기구를 조정했다. 그는 전한 시기 군국(郡國) 상비군을 관할했던 태위의 권한을 더욱 강화했다. 전한 시기에는 승상의 권한이 제일 컸으나 후한에 들어서서는 태위의 통솔 기관을 확대하여 그 권한을 승상 우위에 두었다. 아울러 군국 상비군을 관리하는, 중앙의 실권 기구인 상서대(尚書臺)를 통할하도록 했다.[14] 중앙 최고 군사기구인 상서대는 원래 전한시대에는 궁전에서 조령(詔令)을 전달하는 임무를 담당했던 소부의 속관(屬官)에 불과했다. 한무제 때에 그 권한을 확대해 황제를 대신하여 결재하는가 하면 장주(章奏)를 처리하는 역할을 맡겼다. 이후 상서는 광무제 때에 상서대로 확대되었고, 조정의 최고 군사기구로 부상하였다.[15] 상서는 국방 및 군사 정책의 결정에 참여하여 사실상 중앙의 군사 기구로서의 역할을 담당하게 된 것이다.

후한의 병종은 기본적으로 전한과 동일한 차병, 기병, 보병, 수군 등 4종이었다. 광무제는 오랜 전쟁으로 인해 경제가 파괴되고 생산인력이

---

14   高銳 外(2000), 281~282쪽.

15   陳高華·錢海皓 主編,『中國軍事制度史: 武官制度卷』(鄭州: 大象出版社, 1997), 83쪽.

부족해지자 군대를 대폭 감축했다. 그는 군권과 정예 병력을 중앙에 집중 시키고, 지방군을 크게 약화시켰다. 당시 중앙군에는 대략 4만여 명의 병력이 있었으며, 그들의 지휘와 편제는 전한의 부곡제와 동일했다. 중앙군의 중심은 궁정숙위군과 북군이었다. 궁정숙위군은 광록훈(光祿勳)과 위위 (衛尉)가 통할한 부대로 구분되었다. 광록훈이 지휘하는 부대는 오관중랑장(五官中郎將) 등 7개 부대로 황제의 경비를 담당했고, 위위가 지휘하는 부대는 남궁과 북궁을 지키는 책임을 지며 궁내를 순찰하고 일곱 개 궁문의 수비를 담당했다. 북군은 집금오(執金吾)와 오교위(五校衛)가 통할한 부대로 구분되었다. 집금오가 지휘하는 부대는 낙양성 내에서 궁정 이외 지역을 순찰하거나 경비하고 수재나 화재와 같은 비상사태에 대비하는 임무를 수행했고, 황제가 출행할 때에는 호위나 의장대로써 충원되었다. 오교위가 지휘하는 부대는 경사(京師)나 경성(京城)의 수비를 담당했고, 유사시에 출정을 하기도 했으며, 황제가 직접 지휘했다.[16]

전한시대에 지방군은 군국병(郡國兵)제도로 군수(郡守)·군위(郡尉)·도위 (都尉)가 주둔지의 병력을 지휘통솔했고, 각 현(縣)·주(州)에도 소수의 부대가 주둔하였다. 군국병의 징발과 동원에 관한 일체의 권한은 중앙의 조정이 가지고 있었고, 지방군에 대한 통제권도 한무제 때에 중앙정부가 완전히 장악했다.[17] 하지만 기원 30년 광무제는 지방군의 군국도위(郡國都尉)를 폐지하고, 태수의 직무에 있어서 도시제도(都試制度)도 폐지했다. 아울러 군국 경거·기사·재관·누선 등 지방의 상비군을 없앴다. 이후 기원 46년에 다

---

16 백기인(1998), 78~79쪽.

17 中國軍事史編書組(2006), 『中國歷代軍事制度』, 130쪽.

시 변방군인 정후이졸(亭候吏卒)도 없앴다.[18] 원칙적으로 후한 시기에 지방의 상비군은 존재하지 않았으며, 군대가 필요할 때에는 임시로 징병과 모병의 방법으로 충원했다.[19] 하지만 이러한 군사 제도의 변화는 전체적으로 지방의 군사력을 크게 약화시켰다. 후에 외부의 침략이나 지방의 반란에 대해 중앙군이 적절하게 대응하지 못하자 자사·주목·군수 등 지방관과 호족 세력의 군사적 역량을 키워주는 결과를 초래했다.[20]

전한의 동원제도는 기본적으로 군현의 행정단위에 토대를 둔 징병제였다. 하지만 후한 초에 들어와서 전한 말에 야기된 사회적 혼란으로 인해 인구가 유산되었을 뿐만 아니라 토지겸병 현상이 만연하여 농민들의 생활은 극도로 피폐해졌다. 징병제를 실시할 기본적인 사회 기반이 파괴되어 있었기 때문에 광무제는 징병제를 폐지하고 중앙군의 대부분을 초모했고, 지방 군현에는 평시에 상비군을 두지 않고 전시가 되면 모병제를 활용해 병력을 충원했다. 징병제의 폐지 이유는 농업 등 생산을 담당할 인력 등이 생산에 종사하게 하여 국가를 안정시키기 위함이었다. 그러나 후한이 실시한 모병제는 여러 가지 문제점을 발생시켰다. 급하게 충원된 병력이 주둔지역의 지형을 잘 알지 못해 작전에 미숙하다거나, 병력의 장거리 이동에 막대한 비용이 들어갔다. 또한, 외부의 용병이 충원됨에 따라 자연스럽게 외부 민족의 개입이 증가 되었으며, 유사시 급하게 초모된 병력은 군사훈련이 되어 있지 않아 전투력 수준이 매우 낮았다.[21]

---

18 백기인(1998), 79~80쪽.

19 中國軍事史編書組(2006), 『中國歷代軍事制度』, 123쪽.

20 劉昭祥 主編(1997), 138쪽.

21 高銳 外(2000), 84쪽.

후한에서 실시된 모병제의 병역대상은 주로 농민, 상인, 소수민족 등이었다. 초모의 형식은 대체로 재물로 확보하거나 아니면 각종의 부역을 면제해주거나 생활고를 해결해주는 조건으로 동원한 것이었다. 그러나 이러한 모병제에 의한 초모 성격의 동원방식은 임시적인 것이었고, 사실상 평상시 군사훈련도 되어있지 않아 전투력의 약화를 초래할 소지가 있었다. 더군다나 모병제가 성행하면서 발생한 그 폐약으로 말미암아 지방군벌이 형성되었던 점을 간과할 수 없다.[22] 전한 초기에 강력한 황제권 아래에서 지방관리는 모병을 실행함에 있어 철저하게 중앙으로부터 통제를 받아 명령이 있을 때에만 행하였다. 하지만 중기 이후부터 점차 황제권이 약화되면서 각 지방에서 군정을 담당하는 장관이 스스로 사병을 모집하기 시작했고, 전한말에 이르러서는 호족들의 사적인 무장의 형태로 운용되었다. 이러한 지방의 사적인 무장력은 지역치안을 담당하는 역할을 수행하거나 심지어 대외전쟁에 출정함으로써 현실적으로 국가권력을 유지하는 보조적인 수단으로 변모되고 있었다. 후한 영제 때에 상비군은 지방의 도적들을 진압할 수 없는 지경에 이르렀고, 178년에는 지방 호족들이 실제 가병을 이끌고 출정하기도 했다. 황건의 난이 일어나자 후한 조정에서는 이를 진압하기 위해 지방호족들에게 사적인 군사력을 공식적으로 허용했다. 이로 인해 지방에는 상설적인 군대가 형성되었으며, 난을 진압하고 난 후에 그들은 중앙의 권력과 대립하는 군벌할거의 중요한 군사력으로 부상하게 되었다.[23]

---

22 陳高華·錢海皓 主編(1997), 114~117쪽.
23 中國軍事史編書組(2006), 『中國歷代軍事制度』, 133~135쪽.

후한시대 무기의 발전을 보면, 전한에 이어서 철제 병기의 발전이 두드러졌다. 전한 초에는 동과 철이 동시에 사용되었고, 전한 중기 이후 철제 병기의 사용이 크게 증대되어 무기와 전술적인 면에서 크게 발전했다. 한대의 제철소는 북경의 청하진, 산동성의 승현 등 전국 각지에서 발견되었는데, 당시 철공업이 제철부분과 제조부분으로 분업화되었고 대량생산이 이루어졌다는 것을 알려준다. 후한시대에는 무기가 대부분 철제로 대체되었는데, 철제 무기는 청동 무기보다 예리하고, 무게가 가벼웠으며, 강도도 높았다.[24] 모·과·극 등의 창들이 철제로 대체되었고, 철제로 제작된 궁노의 사거리는 증가했다. 또한, 전투 시에 손잡이 부분이 휘어지는 문제가 있었던 청동검도 철검으로 대체되었다. 방호력 부분에서도 철이 청동보다 가벼웠기 때문에 철편으로 제작된 갑옷이 사용되었다.[25] 철제 무기는 중앙과 지방에서 생산했고, 소부(少府) 소속의 상방령·약방 등에서 감독했다. 중앙과 지방에서 철제 무기를 대량 생산할 수 있게 됨에 따라 후한은 단기간에 대규모 병력을 동원해 무장할 수 있는 능력을 갖게 되었다.[26] 이는 유사시 부족한 상비군의 규모를 신속하게 보충하는데 도움이 되었을 것이다. 물론, 그 전제 조건은 전반적인 국가 동원체제가 원활하게 작동되고, 유사시 동원될 병력의 훈련이 잘 되어 있어야 가능한 것이었다. 하지만 후한시대 지방의 반란이나 변경의 침입에 후한군이 적절하게 대처하지 못했다는 점을 감안하면, 후한의 동원체제와 전투력에는 여러 문제점이 있었을 것으로 판단된다.

---

24 이춘식(2007), 487쪽.
25 中國人民革命軍事博物館 編著(2002), 162쪽.
26 陳高華·錢海皓 主編(1997), 91쪽.

3. 후한 - 강(羌)의 전쟁

변경 민족의 침입은 역사 이래 중국이 계속해서 당면하게 되는 외부 위협이었다. 특히, 왕망 때에는 대외관계가 파탄되어 흉노와 서역은 단절되었고, 고구려를 비롯한 주변국의 침입이 계속되었다. 외부의 지배력이 약화된 상황 속에서 후한의 대외정책은 어떻게 변했으며, 이민족의 반란이나 침략에 어떻게 대응했을까?

우선 대외정책 면에서 후한은 소극적이었다. 전한 시기 내내 북방을 괴롭혔던 흉노는 여전히 북방의 가장 큰 위협세력이었다. 다행이라면, 후한 초기 흉노는 북쪽 변경을 침입하거나 서역으로 세력을 확대해나가기도 했지만, 후한 정권을 위험에 처하게 할 정도로 대규모 군사적 침략 행동이 없었다는 점이다. 흉노의 변경 침략에 대해서도 후한의 황제들은 전한의 한무제와 달리 적극적 전략을 취하지 않고 소극적 정책으로 일관했기 때문에 흉노와 후한의 관계는 더 이상 악화되지 않았다. 특히, 흉노에 내분이 생기고, 반초(班超)가 서역을 평정하면서 흉노의 세력은 약화되었고, 90년경에는 북방에서 흉노의 위협은 거의 사라졌다.

후한 정권을 장기간 괴롭혔던 것은 북쪽의 흉노가 아닌 서북쪽의 강족(羌族)이었다. 강족은 티베트 계통의 종족인데 감숙성 동부, 섬서성 서부, 청해성 동북지방 일대에서 전한시대부터 거주해 왔다. 이들 강족이 위치한 지역은 북으로는 흉노 하서 지구와 인접하였고, 서북쪽으로는 서역과 통하고 있었으며, 남으로는 한과 접하고 있었다. 전한 선제 때는 조충국(趙充國)으로 하여금 강족을 제압하도록 했으나, 전한 말기 중국이 혼란해지자 강족은 금성·농서 지역까지 침입해왔다.[27] 이후 흉노와 후한이 서역의 패권을 둘러싸고 각축전을 벌이게 되자 이 지역은 전략적으로 중요해졌다. 후한 초기 강족은 많은 부족으로 나뉘어 있었는데, 이 가운데 소당강(燒當羌)과 선령강(先零羌)이 가장 강성했다.[28] 건무 10년(기원 34)에는 선령강이 금성군과 농서군 방면의 침입을 개시로 자주 서북변을 침범했다. 이에 농서태수였던 마원(馬援)이 이들을 격파했다. 또 소당강의 세력이 강성해지자 명제 영평 원년(기원 58)에 군대를 파견하여 추장 숙오를 공격해 7,000여 명의 항복을 받았다. 이듬해에는 숙오의 아들 동오도 항복했으므로 호강교위를 적도(감숙성 임조현)에 설치하여 강족을 회유했다. 하지만 소당을 중심으로 한 강족은 후한에 복속하지 않고 계속해서 침입했다. 이에 호강교위였던 주유(周鮪)가 강족 사이의 내분을 틈타 3만여 명의 병력을 이끌고 강족 가운데 제일 강한 미당(迷唐)을 공략했다. 이 공략에서 강족의 투항자는 6,000여 명이나 되어 그 세력은 와해되었고, 미당은 멀리 숨었으나 후에 병사했다. 이후 후한군은 이 지역에 둔전을 하면서 감시와 방어를 계속하였으므로 강족의 변경 침략은 수그러들었다.

이때 후한과의 전쟁에서 포로가 된 강족은 위수 상류지역인 삼보·농서·천수·안정·금성 등의 내지에 강제로 분산 이주하게 되었다. 강족은 그들 고유의 부락 생활이 허용되었지만, 이주지는 한족이 이미 정주하고

---

27 顏吾芟, 『中國全史: 中國秦漢軍事史』(北京: 人民出版社, 1994), 225쪽.
28 소당강은 중국 한나라 시기 서강족의 일족으로 지금의 청해성 동쪽 지역에 있었고, 선령강은 청해호 일대에 있었다.

있던 지역이었다. 강족은 한족과 잡거를 강요당했고, 한족의 지방 관리와 지방민들은 습속과 언어가 다른 강족에게 혹독한 사역과 수탈을 강요했다.[29] 모욕과 학대를 많이 받은 강족의 한족에 대한 원한은 깊이 쌓여갔다. 『후한서』「서강전」에는 "당시 여러 항복한 강족들이 군현에 분포되어 있을때, 모두 관리와 호족들의 각종 요역에 징발되어 깊은 원한이 쌓여 있었다"라고 기록하고 있다.[30] 그러한 와중에 후한이 원정작전을 실시하기 위해 강족을 징발하면서 그동안 쌓였던 강족의 불만이 한꺼번에 터져 나오게 되었다. 106년에 서역의 여러 나라가 소륵성(신강 소륵현)에서 후한의 서역도호 임상을 공격하자, 후한은 금성·농성·한양 등 3개 군의 강족들을 강제로 징발하여 후한군 주력과 함께 서역 정벌에 나서도록 했다. 이 때 선령강의 추장 전령(漳零)을 중심으로 한족에 대해 원한을 갖고 있던 강족들은 마침내 반란을 일으켰다. 반란 초기 강족은 무기도 제대로 갖추지 못한 조잡한 무리에 지나지 않았다. 강족의 군대는 갑옷을 갖추지 못했을 뿐만 아니라 무기류는 죽간이나 나뭇가지를 사용했고, 판자조각을 방패로 삼았으며, 구리 거울을 햇빛에 비추어 병기처럼 보이게 했다. 하지만 강족은 전투에 용감히 임했는데, 위세가 대단해 이미 약해진 후한의 지방군은 강족을 진압하지 못했다.[31]

이에 후한 조정은 거기장군 등즐(鄧騭)에게 군사 5만 명을 거느리고 강족의 반란을 진압하게 했다. 하지만 등즐군은 지원군을 기다리지 않고 한양까지 진격해 공격하다가 기(冀, 감숙 곡남)현에서 패배하여 후한군 1,000여

---

29   이근명 편역, 『중국역사』(서울: 신서원, 2003), 239쪽.
30   "時諸降羌布在郡縣, 皆為吏人豪右所徭役, 積以愁怨". 『後漢書』, 「西羌傳」.
31   顏吾芟(1994), 226쪽.

명이 사망했다. 그해 겨울에 등즐의 지시를 받은 임상(任尙)은 평양(平襄, 감숙 통골현 남쪽)에 나가서 강족과 싸웠는데, 역시 대패하여 후한군 8,000여 명이 사망했다. 이때부터 서북 각지의 강족들은 연합하여 더욱 위세를 크게 떨쳤다. 당시의 급박한 상황을 『후한서』「본기」에는 다음과 같이 기록하고 있다. "정서교위 임상이 선령강과 평양에서 싸웠는데, 임상의 군대가 계속 패했다. 11월 신유·등즐을 대장군으로 삼아 경사로 불러들이고, 임상은 농우에 주둔케 했다. 선령강 전령이 북지에서 천자를 참칭하고, 마침내 삼보를 노략질했으며, 동쪽으로는 조(趙)와 위(魏)를 침략했고, 남쪽으로는 익주로 들어가 한중태수 동병을 살해했다."[32]

강족의 위세에 당황한 후한 조정은 강족의 죄를 사면한다는 조서를 공표했지만, 강족의 저항은 더욱 거세져 갔다. 강족은 감숙에서 섬서·사천 방면으로 진격해 나갔고, 후한군은 연속해서 패했다. 110년에는 한중 태수 정근(鄭勤)이 대패해 그를 포함해 후한군 3,000여 명이 전사했다. 이후 강족은 계속해서 중국 하북성 남부와 북부지역을 공격했다. 111년에 강족이 하동군을 침입해 하내까지 이르러 수도 낙양을 위협하게 되자, 후한 조정은 극도의 위기감에 휩싸였다. 강족에게 계속해서 패한 후한 조정은 강족에 대한 공격작전은 시도하지도 못했고, 낙양성에 보루를 쌓아 성곽 위주의 방어를 하기에 급급했다. 후한의 외지 백성들은 내지로 피난을 떠나야 했으며, 식량이 부족해 수만 명이 기아로 사망했다.[33]

---

32 "征西校尉任尙與先零羌戰于平襄, 尙軍敗績. 十一月辛酉, 拜鄧騭為大將軍, 徵還京師, 留任尙屯隴右. 先零羌滇零稱天子於北地, 遂寇三輔, 東犯趙魏, 南入益州, 殺漢中太守董炳". 『後漢書』, 「孝安帝本紀」.

33 顏吾芟(1994), 226쪽.

하지만 113년, 전열을 정비한 후한 조정은 강족에 대해 공세작전으로 전환하기로 결정하고, 기도위 마현과 임상으로 하여금 강족을 공격하도록 했다. 기병 위주의 강족은 한군과의 전투시 기동이 빨랐지만, 여러 부족의 연합군으로 구성되어 있어서 단결력은 떨어졌다. 후한군은 그러한 강족의 약점을 이용해 강족을 부족별로 각개격파하는 전략을 세웠다. 이러한 후한의 전략은 적중하여 119년에 선령강을 중심으로 한 강족의 세력은 와해되었고, 삼보·익주 방면에서 강족의 저항은 수그러들었다. 하지만 12년간에 걸쳤던 한-강족의 전쟁으로 후한의 변경 지역인 병주·양주의 두 주는 황폐해졌다. 이 전쟁에서 후한 조정은 대량의 군비를 소모했는데, 그 군비 또한 백성에게 착취했으므로 후한의 통치는 갈수록 쇠약해져 갔다.[34]

후한 조정은 강족의 1차 침입을 제압했지만, 강족의 저항이 완전히 종식된 것은 아니었다. 139년부터 148년까지 강족의 저항은 지속되었다. 159년에 강족은 다시 한 번 대규모로 농서(감숙 임조), 금서(난주 서북) 등지를 공격했다. 강족의 공격은 9년 동안 지속되었고, 후한은 강족을 진압하기 위해 다시 막대한 군비를 쏟아 부어야 했다. 후한 조정은 168년에야 겨우 강족을 제압할 수 있었다.[35] 비록 후한이 강족과의 전쟁에서 승리를 거두긴 했지만, 몇십 년 동안 이어진 한-강족 전쟁은 변방의 일개 부족마저도 제압하기 어려운 후한군의 군사력의 실체를 여실이 보여주었다. 아울러 장기간 강족과의 전쟁에 들어간 후한 조정의 군비는 막대하여 후한의 국

---

34 같은 책, 228쪽.

35 戰予簡史編書組編,『中國歷代戰爭簡史』(北京; 解放軍出版社, 2006 수정판), 133~134쪽.

5장 후한의 통치방식과 군사사상

가재정이 파탄 상태에 이르게 되었으며, 인구 감소와 농촌지역의 황폐화로 인한 재정 수입 감소는 후한의 국력을 크게 소진시켰다. 당시 강족을 물리치는 데 지방 호족 세력의 도움을 받을 수 밖에 없었는데, 이는 지방의 호족 세력이 성장하는 계기가 되었다. 결정적으로 황건적의 난을 진압하는 데 호족세력이 활약하게 되면서 후한의 중앙집권적인 통치는 더욱 약화되었다.

4. 『잠부론(潛夫論)』의 군사사상

여기서는 『잠부론』[36]의 군사사상적 특징을 살펴보고자 한다. 『잠부론』은 후한의 유학자 왕부(王符)[37]가 지은 책으로 전반적으로 덕에 의한 교화정치를 주장하고 있지만, 당시의 사회와 정치를 신랄하게 비판했다. 『잠부론』은 후한 삼대 저작인 왕충(王充)의 『논형(論衡)』과 중장통(仲長統)의 『창언(昌言)』과 더불어 정치평론과 철학서로 높은 가치를 인정받고 있다. 책의 체제는 총 36편으로 각 편마다 제목을 달아 토론과 평론의 주제로 삼고 있으며, 내용은 당시의 정치의 득실, 관리의 사치와 부패, 실정에 대한 폭로와 해결 방안의 제시, 이민족 정책과 국방의 중요성, 그밖에 미신 타파 등 당시 사회 풍조에 대한 과학적인 접근 등 매우 다양하고 사실적인 방법을 채택하고 있다. 특히, 「권장(勸將)」·「구변(救邊)」·「실변(實邊)」 등에는 군사에 관한 내용도 들어있어 후한의 군사사상을 파악하는 데 매우 유용하다. 여기서

---

36 왕부, 임동석 역주, 『잠부론』(서울: 건국대학교 출판부, 2005), 5쪽.

37 『잠부론』의 저자 왕부는 후한 말기의 사상가로 자(子)가 절신(節信)이며, 안정(安定) 임경(臨涇), 지금의 감숙성(甘肅省) 진원현(鎭原縣) 사람이다. 생몰 연대는 정확하지 않으나 대략 기원후 85~162년으로 보고 있다. 왕부는 어려서부터 학문을 좋아하고 지조가 높았다고 전해진다. 그는 천거되었지만, 은거해 당시의 정치·도덕의 장단점을 지적하는 30여편의 책을 지었고, 이름을 밝히기 싫어서 이를 『잠부론(潛夫論)』이라 했다. 이 책의 「권장(勸將)」·「구변(救邊)」·「실변(實邊)」편에는 변방정책에 관해 많은 내용이 수록되어 있는데, 그 이유는 그가 후한과 강족과의 전쟁을 비교적 가까운 거리에서 목격했으며, 그 전쟁으로 극심히 고통받는 백성의 무슈을 직접 목격했기 때문이다.

는 전쟁의 정당성이나 군주의 변방정책, 그리고 장수의 선발 등『잠부론』에는 어떠한 군사사상적 특징이 담겨있는지 살펴보고자 한다.

광무제가 유학을 장려하여 유가적 정치사상이 지배하고 있던 시대에『잠부론』은 오히려 무력사용을 옹호한 법가적 내용이 많이 담겨 있다.『잠부론』에는 다음과 같이 법의 중요성을 설명한 부분이 보인다.

① 무릇 법을 제정하는 의미는 마치 울타리나 둘러친 도랑·참호를 만들어 방비를 하는 것과 같다. 특히 짐승의 침범이 잦을 때에는 더욱 깊고 두텁게 해야 한다 지금 간귀의 무리가 비록 많으나 그 원인은 몇 가지일 뿐이며 군주가 해야 할 일이 비록 번다하나 그 지켜야 할 것은 간단하다. 38

② 춘추의 대의는 법을 알면서도 죄를 지은 자에게 책임을 묻고, 그런 길로 몰고 가는 자를 주벌하는 데에 있다… 효문황제는 행동과 욕심을 줄이고 덕으로 다스리려 애썼다. 하양후 진신이 빚을 지고 여섯 달이나 갚지 않자 그 봉국을 삭탈해 버렸다. 효무황제는 어질고 명석하였지만 주양후는 전팽조가 지후의 집을 강제로 차지하고 되돌려주지 않는 비리를 저지르자 역시 그 봉국을 삭탈했다… 이 두분의 황제는 어찌 재물의 이유로 대신을 상해하기를 즐겨서 한 일이겠는가? 이에 속임의 단서를 근절하고 국가의 법을 완수하여, 화란의 근원을 막아 백성에게 이익이 되도록 하기 위한 것이었다. 따라서 한 사람이 바른 법에 의해 처벌당함으로써 만가가 그 복을 입게 되는 일에 대해서 성주(聖主)는 전혀 망설임없이 이를 행하는 것이다.39

③ 어떤 이는 "장차 형벌과 사형은 더 이상 사용해서는 안 되며 덕화로도 가히 다스릴

---

38 『潛夫論』, 임동석 역주(2005), 280쪽.
39 『潛夫論』,「斷訟」, 같은 책, 283~284쪽.

수 있다"라고 떠든다. 그러나 이는 변통한 자의 의견이라 볼 수 없으며, 숙세한 자의 의견도 아니다. 무릇 성인 중에 요와 순만한 이가 없것만 그들은 네 명을 추방하였고, 성덕으로 문왕과 무왕을 넘어설 자가 없건만 그 두분도 "크게 노하였다"고 하였다.[40]

①에서 "법을 제정하는 의미는 마치 울타리나 둘러친 도랑·참호를 만들어 방비를 하는 것과 같다"라고 하면서 군주가 지키고 해야 할 일은 법을 정비하는 것이라고 강조한다. ②에서는 춘추의 대의가 "법을 알면서도 죄를 지은 자에게 책임을 묻고, 그런 길로 몰고 가는 자를 주벌하는 데에 있다", "성주(聖主)는 전혀 망설임 없이 이를 행하는 것이다"라고 하면서 단호하고 엄격한 법의 집행을 주장한다. ③에서는 덕화로도 다스릴 수 있다고 주장하는 자들을 '변통한 자'나 '숙세한 자'의 의견이라고도 볼 수 없다고 하면서 평가절하 하고 있다. 나아가 유가에서 가장 존경받는 요와 순임금, 그리고 문왕과 무왕도 법을 엄격히 집행했음을 강조한다. 『잠부론』에 보이는 이러한 내용들은 진 제국시대에 유행했던 법가의 법사상을 방불케한다.

법과 형벌의 중요성에 관한 주장은 후한의 유학자인 왕충(王充)의 『논형(論衡)』에도 보인다. "치국의 도에서 장려해야할 바는 두 가지다. 첫째 덕을 기르고, 둘째 힘을 기르는 일이다. 덕을 기르려면 명망 높은 사람을 양성하고, 현인을 공경해야 한다. 힘을 기르려면 기개 있는 병사를 양성해야 한다. 일을 처리할 때 때로는 품을 수도 있고, 때로는 힘으로 부술 수

---

40 『潛夫論』,「衰制」, 같은 책, 288~289쪽

도 있다. 밖으로는 덕을 쌓고 안으로는 힘을 갖춘다면, 덕을 그리워하는 자는 싸우지 않고 복종하며, 덕을 무시하는 사는 군대를 두려워해 물러날 것이다."[41] 『논형』에서는 '치국의 도'로 '덕'과 '힘'을 기르는 것을 동등하게 중요시하고 있다. 왕충이 「비한(非韓)」편을 쓴 의도는 법치주의를 주장한 한비자를 비판하려는 의도였지만, 군주가 갖추어야 할 통치의 방법으로 '덕' 외에도 '힘', 즉 무력의 준비와 그 사용을 언급한 것은 매우 흥미롭다.

이러한 유법절충적인 모습은 전한 시기에도 있었다. 전한 초기 정치가들은 진 제국의 멸망 원인을 가혹한 법에 의한 통치로 보았기 때문에 덕에 의한 정치를 강조했다. 하지만 100여 년의 세월이 흐른 후 후한의 유학자들은 오히려 법에 의한 도덕 정치의 보완을 요구하고 있다. 전한과 후한시대에 모두 유법절충적 모습이 보이지만, 그 양상은 사뭇 다르게 나타나고 있는 것이다. 전한시대에는 진의 법가적 통치방식의 유산 위에서 유가적 통치방식을 도입하려 했다면, 후한시대에는 법가적 통치방식으로 유가적 통치방식을 보완하려 한 시기였다고 여겨진다.

그렇다면 『잠부론』에서는 전쟁의 정당성이나 무력의 사용 측면에서 어떠한 사고 방식을 가지고 있었을까? 무력 사용의 정당성과 관련해서는 다음과 같은 내용이 보인다.

『역(易)』에는 "도적의 무리를 막는 것이 이롭다" 하였고, 『시(詩)』에는 '박벌(搏伐)'을 찬미하였다. 예로부터 전쟁은 있었으며, 지금에야 전쟁이 있는 것이 아니다. 『전(傳)』

---

41 왕충, 성기욱 옮김, 『論衡』(서울: 동아일보사, 2016), 374쪽.

에는 이렇게 말하였다. "하늘이 오재(五材)를 만들어 준 것은 사람이 이를 아울러 잘 사용하라는 뜻으로, 그 중 하나도 폐기할 수가 없다. 그러니 그 누가 무기를 없앨 수 있겠는가? 무기란 위엄으로써 옳지 못한 자를 제압하고 문덕(文德)을 밝히는 것이다. 성인은 이로써 흥하였고, 난인(亂人)을 이로써 폐멸하였다."[42]

여기서는 "도적의 무리를 막는 것이 이롭고", "전쟁은 예로부터 있었으며", "무기를 없앨수 없다"고 강조하고 있다. 즉 전쟁은 본래 존재했던 자연스러운 것이며 무기로 도적의 무리를 막는 것이 당연하다고 주장한다. 또한 무기로 옳지 못한 자를 제압하여 문덕을 밝혀야 한다고까지 주장한다. 「쇠제(衰制)」 편에는 다음과 같은 내용이 있다. "『시』는 이렇게 노래하였다. '그대의 수레와 말을 잘 정비하고, 활과 화살 무기를 모두 갖추어라. 싸움이 일어날까 미리 경계하여 오랑캐를 멀리 쫓아버려라.' 그러므로 '군대를 설치한 것은 오래된 일'이라 한 것이다. 오대를 거쳐 오늘에 이르도록, 덕이 창성해지도록 하기 위하여 강한 군대를 이용하지 않은 경우란 없었다."[43] 이 역시 군대의 설치는 오래된 일이며 오히려 덕이 창성해지도록 하기 위해서는 강한 군대를 사용하지 않은 적이 없다고 하면서 무력 사용의 정당성을 피력하고 있다.

앞서 살펴본 바와 같이 2세기 중엽 후한의 정치는 갈수록 부패해졌고, 빈부의 격차 또한 갈수록 심해졌으며, 서북 변경에서는 강족의 침탈이 끝없이 이어지고 있었다.[44] 이러한 때에 작성된 『잠부론』에서는 당시

---

42 『潛夫論』, 「邊議」, 임동석 역주(2005), 339쪽.
43 『潛夫論』, 「衰制」, 같은 책, 304~305쪽.
44 馮友蘭, 『中國哲學史新編』(北京: 人民出版社, 1990), 204~287쪽.

조정의 변방정책을 비판하고 변방 강화책을 역설하고 있는 내용들이 보인다.

① 성주(聖主)께서는 국기(國基)의 상병(傷病)을 깊이 헤아리고, 화복의 소생에 대해 원려(遠慮)하시기를 원하노라… 지금 변방이 소요(搔擾)한데도 날마다 그 화를 방치하고 있어, 백성들은 주야로 조정을 향해 자신을 구해주기를 바라고 있다. 그런데도 공경들은 비용과 번거로움을 이유로 불가하다 하고 있다.[45]

② 강족이 처음 쳐들어 오기 시작했을 때… 태수나 영장(令長)들은 모두가 노예처럼 겁을 먹고 나약하기 이를 데 없어 감히 공격을 시도하지도 못하였다. 그 때문에 적들로 하여금 승승장구 국토를 점령토록 하여 주(州)·군(郡)을 파멸시켰고, 그 기세가 등등하였으며, 삼보(三輔)까지 무너뜨렸으며, 귀방(鬼方) 지역까지 뻗쳐 나갔다. 이처럼 된 상황이 이미 10여 년이 되었으며 백성의 피해는 지금까지도 끊이지 않고 있다. 그럼에도 어리석은 이들과 무능한 자들은 오히려 구조할 수 없다고 떠들면서, 시간이 가기만을 기다리니 이런 생각을 가진 자가 어찌 인간이겠는가?[46]

여기서는 강족이 변방을 침입해 와서 국토를 빼앗기고 백성이 고난을 당했는데도 불구하고 비용과 번거로움을 이유로 무력 사용을 자제하는 조정의 신하들을 보고 '인간이겠는가'라고 하면서 그들을 격렬하게 비난하고 있다. 또 다른 「구변」편에서도 변방의 중요성을 거듭 강조하고 있다. "국토에는 변방이 있다. 변방이 없으면 망한 나라이다… 오늘날, 무

---

45 『潛夫論』, 「邊議」, 임동석 역주(2005), 341~342쪽.
46 『潛夫論』, 「邊議」, 같은 책, 337쪽.

력에 힘써 적을 토벌하고 인재를 뽑아 변경을 온전히 할 생각은 않고, 변방을 지킬 수 없으니 먼저 스스로 할양해 주자고 떠들면서 적에게 나약함만 보이고 있으니, 이 어찌 미혹한 일이 아니겠는가?"[47] 또한, "지금 이민족이 봉기(封畿)의 안쪽까지 들어와 날뛰건만 이를 사로잡지 못하고 통탄만 하고 있을 뿐이니, 이는 변경에서 잘못하였기 때문에 생기는 일이 아니다. 입술이 없으면 이가 시린 법이요, 몸이 아프면 마음도 괴로운 것은 필연적은 일이니, 어찌 의심할 것인가?"[48] 이처럼 『잠부론』에서는 위정자들이 변방 수비에 대한 무관심과 아울러 민정을 소홀히 하여 야기된 민간 질서 와해의 심각성을 지적하면서, 수도의 방위를 위해서는 우선 변방 방어를 강화해야 하며, 적에게 영토를 나누어 주어 침략을 피하려 해서는 안 된다고 주장하고 있다.

그렇다면 『잠부론』에서는 변방의 방위를 위해 군주에게 구체적으로 어떠한 변방정책을 권하고 있을까? 「변의」 편에서는 "명철한 군주는 먼저 사람의 사정을 다하되 훌륭한 장수라고 해서 그에게 홀로 다 맡기지도 않았으며, 자신을 수양하여 방비하되 남에게 믿음을 구하려 들지도 않았다. 따라서 능히 공격하면 반드시 적을 이겼고, 지키면 틀림없이 스스로 온전하였던 것"[49]이라고 하면서, 적에게 변방의 땅을 양보하자고 하는 간신들의 간언을 군주가 명백히 반대해야 하다고 주장한다. 나아가 백성을 안정시키고 빼앗긴 영토를 찾기 위해서는 다음과 같이 노력해야 한다고 강조한다. "지금 적들은 새로이 변방 땅을 차지하고 있어, 그곳 백성이

---

47   『潛夫論』,「救邊」, 같은 책, 321쪽.
48   『潛夫論』,「救邊」, 같은 책, 323~324쪽.
49   『潛夫論』,「邊議」, 같은 책, 334쪽.

감히 스스로 안정된 마음이라고 볼 수 없고, 쉽게 진탕(震盪)하고 있는 상태
이다. 백성들은 방금 옛 고향 땅을 떠나 살던 곳에 대한 미련이 아직 식지
않고 있어 쉽게 격할 것이다. 진실로 이를 근거로 대장을 보내어 동요하
는 자는 주벌하고 내쫓으며, 적의 파괴로부터 격리해 주어야 한다. 만약
시간을 충분히 주어 그들이 곡식이 쌓이고 부귀해져서 각자 안정된 토대
가 마련된 후라면, 그들은 더 이상 동요하지 않을 것이다."[50] 여기서는 적
이 빼앗은 땅에서 정착하기 전에 빨리 군대를 보내어 적을 몰아내야하며,
그리하면 그곳에서 쫓겨난 백성들이 영토 회복에 참여할 것이라고 언급
하고 있다. 즉, 방어보다는 되도록 시기를 놓치지 않고 빨리 군사력을 동
원해 공격해야 한다고 주장하고 있는 것이다.

한편, 『잠부론』에서는 장수의 중요성에 대해서도 언급하고 있는데 다
음과 같은 내용이 있다.

> 전에 강족이 처음 반란을 일으켰을 때에, 장수들은 명령을 내려 무리를 모아 많은 군량
> 의 축적을 가지고 있었고, 게다가 여러 성을 근거로 기세도 날카로웠다. 그리고 십만
> 이나 되는 많은 군사에… 그들을 사로잡거나 멸하기는커녕 도리어 잠깐 사이에 패배하
> 고 말았다… 이는 하늘의 재앙이 아니라 윗사람 지도자들의 과실일 따름이다. 『손자』
> 는 "장수란 백성의 목숨을 맡은 자이며, 나라의 안위를 책임져야 할 주인이다"라고 말
> 했다. 이런 이유로 외적들과 접해 있는 군(郡)에 대해서는 태수나 영장(令長)도 군대에
> 대해 밝게 알고 있지 않으며 안된다. 그런데 지금 여러 장수들을 보건대, 적을 끊어 버

---

50 『潛夫論』, 「救邊」, 같은 책, 330쪽.

리는 합변(合變)의 기이한 대책(奇)도 없을뿐더러, 명상필벌(明賞必罰)의 믿음도 없다.[51]

여기서는 백성의 생명과 국가 안위에 있어서 장수의 중요성과 그 군사적 역량에 관해 이야기하고 있다. 그래서 "백성의 목숨을 맡은 자"이며, "나라의 안위를 책임져야 할 주인"인 장수는 반드시 군사에 관한 전문 지식을 갖추어야 하고, 전투 시에는 적을 끊어 버리고, 전투의 변화 상황에 따라 임기응변할 수 있는 용병술을 구사할 수 있어야 한다고 강조한다. 그래서 군주는 "병법을 아는 장리(長吏)를 뽑아 탁월한 인물과 부유한 인물에게 맡기되 감춰진 기재를 순서를 넘어 취하고, 재주가 있고 변화에 능한 자를 장수로 임명해야한다"[52] 라고 주장하고 있다.

그렇다면 유가적 덕목을 앞세워 국가를 통치했던 후한시대에 장수는 어떠한 자질을 갖고 병사들을 지휘 통솔했어야 했을까?『잠부론』에서는 장수가 갖추어야 자질에 대해서 기본적으로 지(智), 인(仁), 경(敬), 신(信), 용(勇), 엄(嚴)을 이야기하고 있다. 이는, 장수는 "지혜로 적을 꺾고, 어짊으로 무리가 따르도록 하며, 공경심으로 어진 이를 불러들이고, 믿음으로 상에 대해 분명하며, 용감함으로 사기를 북돋우고, 엄명함으로 명령을 일사불란하게 해야 한다"[53]는 것이다. 이러한 항목은 도의적·윤리적 전쟁관을 보여준『오자병법』보다는 합리성을 중시했던『손자병법』의 것과 더 유사하다. 아울러『잠부론』에는 장군을 선발할 때의 기준이 무용이 아니라 '덕(禮樂)', '의리(詩書)'에 있다고 한『춘추좌전』의 고전적 논리는 보이지 않는다.

---

51 『潛夫論』,「勸將」, 같은 책, 311~313쪽.
52 『潛夫論』,「勸將」, 같은 책, 315쪽.
53 『潛夫論』,「勸將」, 같은 책, 310쪽.

다음으로 『잠부론』에서는 장수의 리더십에 관한 다음과 같은 내용이 보인다.

① 무릇 장수가 그 병사를 권면하지 못하고 병사가 그 무기를 사용할 수 없다면, 이 두 가지는 군대가 없는 것과 같다. 병사도 없고 무기도 없으면서 전쟁을 치른다면, 그 패배는 짊어져야 하는 것이며 이치나 원리로도 당연하다.[54]

② 군대를 일으킨 이래 5년 동안 군대가 뙤약볕에 고생하고, 전병(典兵)의 관리가 장차 천 단위를 헤아리며 크고 작은 전투가 한 해에 수십, 수백 차례였지만 성공한 것은 드물다. 그 패배를 차례로 살펴보건대 다른 이유에서가 아니다… 상을 주겠노라 말하면서 주지 않고, 벌을 내리겠노라 해놓고 실행하지 않으니, 병사들은 나가 죽으면 홀로 죽는 화가 될 뿐이요, 물러서면 함께 살아난 자로서의 복을 누릴 뿐이다. 이것이 전투에 임하면 싸울 생각을 잊은 채, 어떻게 달아날까 하는 생각을 서로 다투어 갖도록 하는 것이다.[55]

여기서는 장수의 리더십을 논하고 있는데, ①에서는 장수는 마땅히 병사를 지휘통솔하고, 또한 병사에게 무기를 숙달할 수 있도록 해야 한다고 언급하고 있다. 만약 장수가 병사를 지휘하거나 훈련시키지 못한다면 "그 패배는 짊어져야 하며", "당연한 이치"라고 주장한다. ②는 군에 있어서 신상필벌의 중요성을 강조하고 있다. "상을 주겠노라 말하면서 주지 않고, 벌을 내리겠노라 해놓고 실행하지 않으면", 병사들이 전투에 나가

---

54 『潛夫論』,「勸將」, 같은 책, 313쪽.
55 『潛夫論』,「勸將」, 같은 책, 309쪽.

싸우지 않고 달아날 생각만 한다는 것이다. 전한 시기에 쓰여진 『회남자』에서는 부대를 지휘통솔함에 있어서 상벌로 엄격히 통제하기보다는 덕으로서 통제해야 한다고 주장했다.[56] 그러나 『잠부론』에서는 그와는 반대로 '덕'에 의한 통제보다는 신상필벌을 강조하고 있는데, 이는 유가적이기보다는 법가적이다. 이러한 현상이 나타나는 이유를 정확히 알 수는 없지만, 신상필벌이 분명하지 않은 채 전쟁에 참여함으로써 당시 변방의 적을 물리치지 못하고 약탈당했던 현실에 대한 통렬한 반성에 기인한다고 여겨진다.

이상에서 『잠부론』에 보이는 그 군사사상에 관해 검토해 보았다. 『잠부론』에서는 변방방어의 중요성과 대책, 그리고 훌륭한 장수의 필요성 등에 언급하고 있다. 『잠부론』의 저자인 왕부는 황제와 조정 신하 대부분이 강족을 공격하기보다는 그들의 요구를 충족시켜 주어 평화를 갈구하고 있는 모습을 통렬히 비판한다. 또한 그는 군사력의 중요성을 강조하면서 한의 위정자들에게 무력사용을 과감하고 신속하게 해야 한다고 주장하고 있다. 왕부의 군사적 사고는 법치주의로 부국강병을 이루어야 한다고 주장한 상앙·한비자와 같은 법가들을 상기시킨다. 하지만 『잠부론』에서 무력의 중요성과 그 사용을 주장하고 있다고 해서 왕부가 법치주의를 숭상하고 유가적 통치 질서를 부정하는 것은 아니었을 것이다. 그보다는 대외적으로 적의 침략을 막아내지 못한 후한 조정의 현실을 한탄하면서 통치방식에 있어서 유법절충적 모습을 보여주기를 원했다고 생각된다.

---

56 『淮南子』,「兵略訓」.

맺음말

기원 220년 헌제(獻帝)가 조조(曹操)의 아들 조비(曹丕)에게 제위를 선양하면서
후한은 공식적으로 멸망했다. 후한 멸망 이후 중국은 삼국분열과 남북조
시대를 거쳐 6세기 말 다시 수·당의 통일왕조가 들어섰다. 중국의 역사가
들은 오랫동안 중국의 과거를 계속 이어지는 통치 가문, 즉 왕조의 관점
에서 체계화 했다. 이 통치 가문들은 '왕조의 순환'이라는 유가적 모델에
따라 흥하고 망했다는 것이다.[01] 그러나 불행히도 중국 역사에서 여러 왕
조의 흥망이 반복되었음에도 불구하고 고대 이후 중국 군사사상사에 있
어서 획기적인 발전은 없었다. 사실, 춘추전국시대에 『손자』와 『오자』를
비롯한 많은 병서가 만들어졌는데, 이것은 세계사적으로 보더라도 매우
이른 것이었다. 현대의 군사연구자들이 가장 중요시하는 전략서 중의 하
나인 손무의 『손자(孫子)』와 클라우제비츠의 『전쟁론(On War)』을 비교하더라
도 동양과 서양은 2,300년이라는 긴 격차가 발생한다.

그렇다면 왜 중국은 고대 이후 군사사상사에서 비약적인 발전을 이
루지 못한 것인가? 한제국만 보더라도 주변 부족국가들을 회유·포섭하
고, 때로는 무력으로 점령하면서 변경지역의 안정을 도모했다. 그리고 이

---

01   윌리엄 T 로, 기세찬 옮김, 『하버드 중국사 청: 중국 최후의 제국』(서울: 너머북스, 2014), 13쪽.

를 통해 한제국은 동아시아에서 봉건적 세계질서를 수립할 수 있었다. 그러나 이후 중국의 역사에서 다른 민족에 비해 문화적 우월성이라는 중화사상으로 지탱된 중화민족 왕조는 여러 차례 이민족의 침입을 받았다. 그때마다 중화민족 왕조는 군사적 패배에 이어 굴욕적인 조약 체결을 요구당했다. 그리고 때로는 강력한 거란·몽골·만주 등 이민족 정복왕조에 의해 영토가 점령당했으며, 가장 최근에는 아편전쟁을 시작으로 서구 열강의 침탈에 시달렸다.

그 이유 중 하나로 중국 연구자들이 주장하고 있는 것은 중국이 고대부터 '무'가 아닌 '문'치국가였다는 것이다. 하지만 이러한 주장은 사실과 동떨어진다. 앞서 밝히고 있듯이 고대중국의 세계는 '문'으로만 통치되는 사회는 아니었다. 오히려 그와 반대로 수많은 내전과 이민족과의 무력충돌이라는 현실이 내재되어 있었다. 고대중국에 있어서 유교 사상의 영향으로 전쟁을 혐오하는 사고방식이 존재하지 않은 것은 아니었지만, 그렇다고 그것이 고대중국사에서 주류적 사고라고 보기는 어렵다. 문치주의 사고방식이 지배적으로 형성되었던 것은 후한시기였고, 유가적 통치방식이 반드시 성공적이었다고 평가할 수도 없다.

이처럼 역사적 실체 속에 중국의 공격적인 행동이 나타남에도 불구하고, 현대 중국 전략사상가들은 대체로 중국의 전략문화가 평화주의적이고, 방어적 성격을 갖고 있다고 이해하는 경향이 있다.[02] 물론 중국의 유교적 전략문화는 현재 중국인의 사고와 행동에 깊은 영향을 준다. 하지

---

02 李際均, "軍事戰略思維縱橫談(上)", 『祕書工作』 2011年 第4期; 郭樹勇 主編, 『戰略演講錄』(北京: 北京出版社, 2006); 劉丰 萍 王巍, "中美戰略文化差異性深究", 『世界經濟與政治』 (2014. 7).

만 앞서 살펴본 것처럼 고대중국에는 유교의 왕도적 정치사상만이 존재한 것은 아니었다. 유교가 중국인에게 다른 사상보다 더 많은 영향을 주었다는 것은 분명하지만, 국제 분쟁을 해결하는 데 있어서 항상 유교적 이상이 절대적인 해결 방식은 아니었다. 현실 속에서 자주 나타나는 중국의 군사적 해결 방식은 이미 고대부터 중국인들의 관념에 내재해 있었다. 맹자가 춘추시대에 의로운 전쟁이 없다고 주장한 것은 제후들 간의 전쟁을 부정한 것이지, 천자의 징벌 전쟁까지 부정한 것은 아니었던 것이다.

고대중국에 있어서 한무제 등 무력정벌을 시행한 황제가 존경받았던 점을 고려하면, 왕도정치를 추구하는 군주가 당시의 유일한 이상적인 군주상만은 아니었던 것은 분명하다. 바꾸어 말하면, 유교의 기본적 교리는 중국의 평화적 전략문화를 형성하는 데 분명히 기여했겠지만, 패권주의적 사고가 병존했으며, 정치 현실에 따라서 어떤 때에는 왕도주의적 사고가 어떤 때에는 패도주의적 사고가 위정자들을 지배했다. 중국의 군사사상의 이해에 있어서 평화냐, 전쟁이냐는 이분법적 사고방식만으로는 현실에 나타나는 중국의 무력사용 행태를 올바로 이해하거나 잘 분석할 수 없다. 오히려 중국만의 이원적인 군사사상을 인정해야지 중국 역사에서 나타나는 공세적이고 팽창주의적인 행태가 쉽게 이해된다. 그러한 관점에서 "어떤 국가가 한 개 이상의 전략문화와 군사문화를 가질 수 있다"고 03 언급한 콜린 그레이(Colin S. Gray)의 주장은 옳다.

03   콜린 S. 그레이, 기세찬·이정하옮김(2015), 253쪽.

참 고 문 헌

1. 1차문헌

『論衡』.   『呂氏春秋』.

『孟子』.   『潛夫論』.

『史記』.   『戰國策』

『孫臏兵法』.   『韓非子』.

『孫子』.   『漢書』.

『荀子』.   『後漢書』.

『吳子』.   『淮南子』.

『尉繚子』.   『春秋左氏傳』.

2. 연구문헌

김광수, 『손자병법』, 서울: 책세상, 1999.

김기동, 『중국 병법의 지혜』, 서울: 서광사, 1993.

동양사학회 편, 『개과 동양사』, 서울: 지식산업사, 2000.

모리 미키사부로, 조병한 옮김, 『중국 사상사』, 서울: 서커스, 2015.

범엽, 장은수 옮김, 『후한서: 본기』, 서울: 새물결출판사, 2014.

박한제 외, 『아틀라스 중국사』, 서울: 사계절, 2007.

백기인, 『중국군사제도사』, 서울: 국방군사연구소, 1998.

수호지진묘죽간정리소조 편, 윤재석 역주, 『수호지진묘주간 역주』, 서울:
        소명출판, 2010.

신채식, 『동양사개론』, 서울:삼양사, 2009.

여불위, 김근 옮김, 『여씨춘추』, 서울: 글항아리, 2012.

왕부, 임동석 역주, 『잠부론』, 서울: 건국대학교 출판부, 2005.

왕충, 성기욱 옮김, 『論衡』, 서울: 동아일보사, 2016.

유동환, 『손자병법』, 서울: 홍익출판사, 1999.

윌리엄 T 로, 기세찬 옮김, 『하버드 중국사 청: 중국 최후의 제국』, 서울:
        너머북스, 2014.

이근명 편역, 『중국역사』, 서울: 신서원, 2003.

이병호. 『손빈병법』, 서울: 홍익출판사, 1996.

이춘식, 『중국 고대의 역사와 문화』, 서울: 신서원, 2007.

장진퀘이 지음, 남은숙 옮김, 『흉노제국 이야기』, 서울: 아이필드, 2010.

존 킹 페어뱅크·멀 골드만, 김형종·신성곤 옮김, 『신중국사』, 서울: 까치글
        방, 2005.

콜린 S. 그레이, 기세찬·이정하옮김, 『현대전략』, 서울: 국방대학교, 2015.

크리스 피어스 저, 황보종우 역, 『전쟁으로 보는 중국사』, 서울: 수막새,
        2005.

Carl von Clausewitz, edited and translated by Michael Howard and
        Peter Paret, *On War*, Princeton University Press, 1976.

Johnston, Alastair Iain, *Cultural Realism*, New Jersey: Princeton
        University Press, 1991.

Kierman, Jr. Frank A. and Fairbank, John K. eds., *Chinese Ways in
        Warfare*, Harvard University Press, 1974.

Loewe, Michael, *Everyday Life in Early Imperial China*, London:
        Hackett Pub Co, 1968.

White, Lynn, *Medial Technology and Social Change*, London: Oxford
        University Press, 1962.

Wilbur, Martin, *Slavery in China during the Former Han Dynasty*, 206
        B.C.~A.D. 25, Chicago: Field Museum of Natural History, 1943.

賈文麗, 『漢代河西經略使』, 北京: 中國社會科學出版社, 2017.

高敏, 『雲夢秦簡初探』, 河南: 河南人民出版社, 1979.

高銳 外, 『中國軍事史略』上, 北京: 軍事科學出版社, 2000.

郭樹勇 主編, 『戰略演講錄』, 北京: 北京出版社, 2006.

國家文物局古文獻研究室編, 『馬王堆漢墓帛書(壹)』, 北京: 文物出版社, 1980.

劉昭祥 主編, 『中國軍事制度史: 軍事組織體制編制卷』, 鄭州: 大象出版社, 1997.

劉小華 · 王巍, "中美戰略文化差異性深究", 『世界經濟與政治』(2014. 7).

宋超, 『匈奴戰爭三百年』, 北京: 華夏出版社, 1996.

睡虎地秦墓竹簡整理小組編, 『睡虎地秦墓竹簡』, 北京: 文物出版社, 1990.

顔吾芟, 『中國全史: 中國秦漢軍事史』, 北京: 人民出版社, 1994.

王曉衛 主編,『中國軍事制度史: 兵役制度卷』, 鄭州: 大象出版社, 1997.

李健勝,『流動的權力: 先秦, 秦漢國家統治思想研究』, 北京: 中國社會科學
　　　出版社, 2018.

銀雀山漢墓竹簡整理小組編.『銀雀山漢墓竹簡(壹)』, 北京: 文物出版社, 1985.

魏汝霖·劉仲平,『中國軍事思想史』, 台北: 黎明文化事業, 1986(3판).

李際均, "軍事戰略思維縱橫談(上)",『祕書工作』2011年 第4期.

張星九,『中國政治思想史』, 上海: 復旦大學出版社, 2017.

戰爭簡史 編著,『中國歷代戰爭簡史』, 北京: 解放軍出版社, 2005.

戰爭簡史編書組編,『中國歷代戰爭簡史』, 北京: 解放軍出版社, 2006 수정판.

中國軍事史編書組,『中國歷代軍事戰略』上, 北京: 解放軍出版社, 2006.

中國軍事史編書組,『中國歷代軍事制度』, 北京: 解放軍出版社, 2006.

中國人民革命軍事博物館 編著,『中國戰爭發展史』上, 北京: 人民出版社, 2002.

陳高華·錢海皓 主編,『中國軍事制度史: 後勤制度卷』, 鄭州: 大象出版社, 1997.

湯淺邦弘,『中國古代軍事思想史研究』, 東京: 研文出版, 1999.

馮友蘭,『中國哲學史新編』, 北京: 人民出版社, 1998.

黃克武 主編,『軍事組織與戰爭』, 臺北: 中央研究員近代史研究所, 2001.

黃朴民,『先秦兩漢兵學文化研究』, 北京: 中國人民大學出版社, 2010.

고대중국의 전쟁수행방식과 군사사상

초판 인쇄 2022년 11월 10일
초판 발행 2022년 11월 17일

지 은 이 기세찬
발 행 인 한정희
발 행 처 경인문화사
편   집 김윤진·김지선·유지혜·한주연·이다빈
마 케 팅 전병관·하재일·유인순
출판번호 406-1973-000003호
주   소 파주시 회동길 445-1 경인빌딩 B동 4층
전   화 031-955-9300   **팩   스** 031-955-9310
홈페이지 www.kyunginp.co.kr
이 메 일 kyungin@kyunginp.co.kr

ISBN 978-89-499-6671-7 93910
값 14,000원